Mark Mobius

Emerging Markets für Anleger

Die Originalausgabe erschien unter dem Titel
The little book of Emerging Markets
ISBN 978-1-118-15381-9

Copyright der Originalausgabe 2012:
Copyright © 2012 by Mark Mobius. All rights reserved.
Authorized Translation from English language edition
published by John Wiley & Sons Singapore Pte Ltd.

Copyright der deutschen Ausgabe 2013:
© Börsenmedien AG, Kulmbach

2. Auflage 2013

Übersetzung: Petra Pyka
Gestaltung Cover: Johanna Wack, Börsenbuchverlag
Gestaltung, Satz und Herstellung: Martina Köhler, Börsenbuchverlag
Lektorat: Moritz Malsch
Druck: GGP Media GmbH, Pößneck

ISBN 978-3-864700-99-6

Alle Rechte der Verbreitung, auch die des auszugsweisen Nachdrucks,
der fotomechanischen Wiedergabe und der Verwertung durch Datenbanken
oder ähnliche Einrichtungen vorbehalten.

Bibliografische Information der Deutschen Nationalbibliothek:
Die Deutsche Nationalbibliothek verzeichnet diese Publikation in der
Deutschen Nationalbibliografie; detaillierte bibliografische Daten
sind im Internet über <http://dnb.d-nb.de> abrufbar.

Postfach 1449 • 95305 Kulmbach
Tel: +49 9221 9051-0 • Fax: +49 9221 9051-4444
E-Mail: buecher@boersenmedien.de
www.boersenbuchverlag.de
http://www.facebook.com/boersenbuchverlag

Inhalt

Einführung ... 9
Haftungsausschluss des Verfassers ... 14

Kapitel 1 ... 15
Was sind Schwellenmärkte?
Eine Anlagechance, die Sie nicht verpassen sollten

Kapitel 2 ... 23
Die wichtigsten Gründe für die Anlage auf Schwellenmärkten
Wachstum und Diversifizierung

Kapitel 3 ... 39
Die Entdeckung der Grenzmärkte
Wer als Erster am Zug ist, kann sich Vorteile sichern

Kapitel 4 ... 49
Jetzt wird's ernst
Wie Sie auf Schwellenmärkten investieren

Kapitel 5 ... 59
Gibt es richtiges und falsches Investieren?
Anlagestile im Vergleich

Kapitel 6   **69**
Schwellenländer-Research
Warum Sie stets nach allen Seiten offen bleiben sollten

Kapitel 7   **85**
Risiko gehört dazu
Und Sie müssen es nicht fürchten

Kapitel 8   **95**
Das Timing der Marktfaktoren: Währungen
Warum eine Krise der beste Kaufzeitpunkt sein kann

Kapitel 9   **105**
Die sogenannte Volatilität
Was steigt, fällt, und was gefallen ist, steigt auch wieder

Kapitel 10   **111**
Warum es so wichtig ist, gegen den Strom zu schwimmen
Richten Sie sich nie nach der Masse

Kapitel 11   **117**
Im Großen und im Kleinen
Das Fallbeispiel Russland

Kapitel 12   **131**
Pri|va|ti|sie|rung
Der Trend, der enorme Chancen birgt

Kapitel 13 139
Vom Aufschwung zum Abschwung
Wie, wann und warum?

Kapitel 14 149
Immer schön sachlich bleiben
Wie Sie aus Panik Kapital schlagen können

Kapitel 15 159
Wenn Angst vom Handicap zum Vorteil wird
Das Fallbeispiel Thailand

Kapitel 16 167
Der Krisen-Schnäppchenmarkt
Langfristige Orientierung nach einem Crash

Kapitel 17 177
Wie man mit irrationaler Marktpanik umgeht
So werden Sie objektiv

Kapitel 18 189
Die Welt gehört den Optimisten
Goldene Investmentattribute und Anlageregeln

Dank 199
Über den Verfasser 201

*Für meine Mutter
und meinen Vater,
weil sie mir ermöglicht haben
zu lernen*

Einführung

Kaum eine Frage wird mir so oft gestellt wie: „Wann ist der richtige Anlagezeitpunkt?" Die Antwort: Der beste Zeitpunkt ist dann, wenn Sie das Geld dafür haben. Es ist unmöglich, den idealen Einstiegsmoment abzupassen, und da der Erwerb von Stammaktien von Unternehmen, die an einer Börse gehandelt werden (also die Anlage in Aktien), die beste Möglichkeit darstellt, Wert zu erhalten – eine bessere jedenfalls, als das Geld auf der Bank liegen zu lassen –, ist es auf jeden Fall ratsam, gleich damit anzufangen. Warten Sie nicht auf den berühmten richtigen Augenblick. Das beantwortet die Frage, wann Sie kaufen sollten. Woher Sie wissen, wann Sie verkaufen sollten? Mein Rat dazu lautet, dass Sie sich erst dann von einer Anlage trennen sollten, wenn Sie eine andere, eindeutig bessere gefunden haben, um sie zu ersetzen.

> **„Die beste Zeit zum Anlegen ist dann, wenn Sie Geld haben."**
>
> *Sir John Templeton*

Viel wichtiger als die Frage, *wann*, ist für mich die Frage, *wo* man investieren sollte. Ich bevorzuge die Schwellenmärkte. Das sind Finanzmärkte von Volkswirtschaften, die sich noch im Wachstumsstadium ihres Entwicklungszyklus befinden und niedrige bis mittlere Pro-Kopf-Einkommen aufweisen. Das Gegenstück zu einem Schwellenmarkt ist ein Industrieland mit dem Finanzmarkt einer reifen Volkswirtschaft und hohem Pro-Kopf-Einkommen.

Langfristig bieten die Schwellenmärkte wegen ihres starken Wirtschaftswachstums mehr Aufwärtspotenzial. Insbesondere warten sie mit den besten Chancen auf höhere Erträge und Diversifizierung auf. Es wird Sie überraschen, dass Schwellenländer zwei Drittel der globalen Landfläche ausmachen – einen so großen Teil der Erde, dass Sie es sich kaum leisten können, darauf zu verzichten!

Mir liegen die Schwellenländer sehr am Herzen. Ich bin seit über 40 Jahren dort tätig und habe sehr viel über ihre Funktionsweise erfahren – und darüber, wo sie Gewinnchancen bieten. Dieses Buch macht Sie nicht nur mit den Schwellenmärkten vertraut, sondern erklärt auch, wo, warum und wie Sie sich dort engagieren sollten. Ich geben Ihnen Einblick in einzelne Märkte und diverse Krisen, die diese Märkte überstanden haben. Ich möchte Sie aber auch mit den nötigen Kenntnissen ausstatten, damit Sie sich auf der Suche nach Anlagemöglichkeiten auf diesen Märkten besser zurechtfinden.

Zur Frage *wann* möchte ich eine Erkenntnis weitergeben, die ich im Laufe der Jahre gewonnen habe: Bullenmärkte laufen länger und legen prozentual stärker zu, als Bärenmärkte, die von kurzer Dauer sind, im Vergleich dazu verlieren. Das ist ein bedeutsames übergeordnetes Phänomen, das Sie kennen sollten, denn dieser Faktor hat Einfluss auf jede Anlageentscheidung.

Die Suche nach dem richtigen Ein- und Ausstiegszeitpunkt ist eine heikle Geschichte. Dennoch dürfen Sie getrost davon ausgehen, dass irgendwann wieder ein Bullenmarkt einsetzt, der die Kurse über frühere Hochs hinaus treibt. Wer im Auf- und Abwärtstrend die nötige Disziplin besitzt, sollte in einer Baisse sogar möglichst zukaufen, denn diese dürfte kürzer ausfallen als der Bullenmarkt. Anleger, die während des letzten Bärenmarktes 2008 eingestiegen sind, haben ihr Kapital auf vielen Schwellenmärkten verdoppelt. Natürlich wird es auch künftig immer wieder Baisse-Phasen geben, doch das ändert nichts am Prinzip.

Betrachten Sie vor einem Einstieg folgendes Beispiel. Im Januar 1988 setzte auf den Schwellenmärkten ein kräftiger Bullenmarkt ein, der ungefähr neuneinhalb Jahre anhielt. Der MSCI Emerging Markets Index legte in dieser Zeit um über 600 Prozent zu. Die anschließende Baisse dauerte nur ein reichliches Jahr und ließ den Wert des Index um über 50 Prozent abschmelzen. Die nächste Hausse begann im September 1998 und sorgte im Verlauf von eineinhalb Jahren für einen Anstieg um 110 Prozent. Es folgte ein Bärenmarkt von ähnlicher Dauer, der die Kurse um knapp 50 Prozent fallen ließ.

Das Auf und Ab (meist Auf) des MSCI Emerging Markets Index

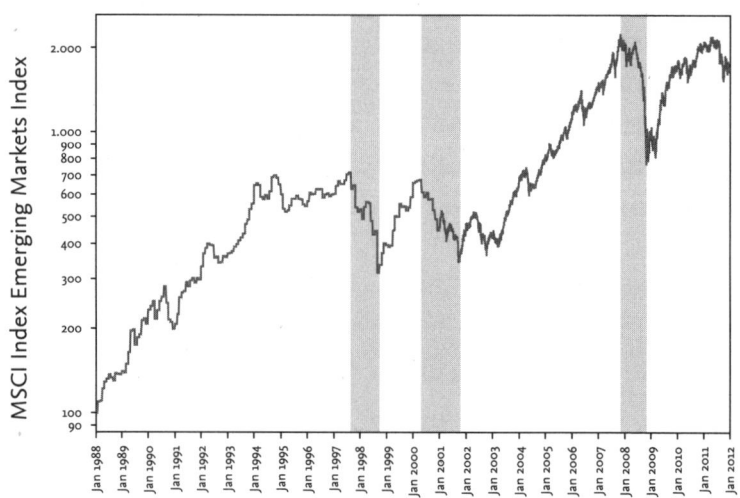

Hinweis: Bärenmärkte definieren sich durch einen Rückgang vom Gipfel um 30 Prozent, Bullenmärkte durch einen Anstieg vom Boden um 30 Prozent.

Eine klare Sache, die sich auch von Oktober 2001 bis November 2007 wieder feststellen ließ, als der Bullenmarkt in kaum mehr als sechs Jahren über 530 Prozent Gewinn brachte, während der nächste Bärenmarkt in den folgenden zwölf Monaten 65 Prozent Verlust verursachte.

Das ganze Buch ist mit Randnotizen von meinen letzten Reisen in Länder durchsetzt, deren Aktienmärkte als Schwellen- oder Grenzmärkte gelten. Diese Anmerkungen heben aussichtsreiche Branchen hervor und vermitteln einen Eindruck von der Stimmung vor Ort.

Ein Patenrezept, eine Blaupause oder einen Fahrplan für garantierten langfristigen Erfolg auf den Schwellenmärkten gibt es zwar nicht, doch dafür viele lehrreiche, verlässliche Aussagen über Diversifizierung, langfristige Perspektive, Konzentration auf die Fundamentaldaten und Toleranz gegenüber Marktvolatilität. Diese und weitere Lektionen habe ich in diesem Buch für Sie zusammengestellt. Ich hoffe, *Emerging Markets für Anleger* wird Ihnen als Leitfaden zu hohen Gewinnen auf Schwellenmärkten verhelfen.

Haftungsausschluss des Verfassers

Die in diesem Buch zum Ausdruck gebrachten Auffassungen sind ausschließlich meine eigenen und decken sich nicht unbedingt mit den Ansichten meines Arbeitgebers.

Die zum Ausdruck gebrachten Auffassungen sind nicht als Anlageberatung oder als Angebot eines bestimmten Wertpapiers zu verstehen. Die vorliegenden Meinungen und Erkenntnisse können Ihnen tieferen Einblick in unsere Anlageverwaltungsphilosophie geben.

In diesem Buch enthaltene Tatsachenaussagen stammen aus Quellen, die als verlässlich gelten. Der Verfasser gibt aber keine Zusicherung oder Gewähr für ihre Vollständigkeit oder Richtigkeit.

Kapitel 1

Was sind Schwellenmärkte?

Eine Anlagechance, die Sie nicht verpassen sollten

Als ich Anfang der 1960er-Jahre am MIT Wirtschaftsentwicklung studierte, verwendete man noch die Bezeichnung *unterentwickelte Länder*. Gefälligere Euphemismen wie *Entwicklungsländer* setzten sich erst allmählich durch.

Die Begriffe *Schwellenmärkte* oder *Emerging Markets* fanden Ende der 1980er-Jahre Eingang in den Wortschatz der Investmentwelt. Die International Finance Corporation definierte einen Schwellenmarkt folgendermaßen: „Ein Markt, der an Größe und Komplexität zunimmt, im Gegensatz zu einem Markt, der verhältnismäßig klein und inaktiv ist und wenig Anzeichen für Veränderung zeigt." Damals war der Terminus eine Hoffnungs- und Vertrauenserklärung derjenigen, die sich mit in der Entwicklung begriffenen Aktienmärkten auseinandersetzten, denn viele dieser Märkte – wie Argentinien, Peru und Venezuela – gingen schneller unter, als sie aufstiegen.

Worum es geht

Der Aktionsradius international agierender Portfolioinvestoren war seinerzeit eher begrenzt. Hätte es damals das Schwellenmarktkonzept bereits gegeben, wäre Japan vermutlich in diese Kategorie eingestuft worden. In den 1960er-Jahren galt die Kapitalanlage in Japan als riskant, wagemutig und abenteuerlich. Japan zeichnete sich aus durch billige und minderwertige Exporte, Währungsschwäche und eine instabile politische Zukunft.

Als mich Sir John Templeton 1987 mit der Verwaltung des ersten Schwellenländerfonds betraute, gab es noch keine allgemein anerkannte und brauchbare Definition für solche Märkte. Intuitiv verstand man unter einem *Schwellenland* ein Entwicklungsland beziehungsweise ein unterentwickeltes Land. Doch wo genau die Schwelle zu entwickelten Märkten verlief, war nicht feststellbar.

Ein vernünftiger Ausgangspunkt war allerdings die Einstufung der Weltbank nach dem Pro-Kopf-Einkommen in Länder mit „hohem Einkommen", „mittlerem Einkommen" und „niedrigem Einkommen". Länder mit mittlerem und niedrigem Einkommen galten als „Schwellenländer".

Seit 1987, als diese ursprüngliche Liste von Schwellenmärkten aus Weltbankdaten zusammengestellt wurde, hat es in der Rangfolge der Länder nach Pro-Kopf-Einkommen zahlreiche Veränderungen gegeben. Manche Länder gingen in andere Kategorien über.

Außerdem war unklar, wie mit in der Entwicklung befindlichen Ländern zu verfahren war, die über enorme Bodenschätze verfügten, insbesondere im Nahen Osten. Diese Länder konnte man keinesfalls als Industrieländer bezeichnen, denn ihre Infrastruktur und die Einkommensverteilung entsprachen damals einem sehr niedrigen Niveau. Trotzdem verbuchten sie aufgrund des regen Exports von Rohstoffen wie Öl und Gas hohe Pro-Kopf-Einkommen. Länder wie Katar oder Kuwait lagen mit ihrem Pro-Kopf-Einkommen zwar deutlich über Ländern mit niedrigem und mittlerem Einkommen, doch dieses Einkommen war so verteilt, dass der allgemeine Lebensstandard noch nicht das Niveau von Industrieländern erreicht hatte.

Auch sind die Aktienmärkte mancher Schwellenländer hoch entwickelt und werden von manchen internationalen Investoren nicht der Schwellenmarktkategorie zugeordnet. So gilt beispielsweise Hongkong bei vielen internationalen Investoren als einer der wichtigsten Aktienmärkte der Welt und findet sich daher nicht unter den Schwellenmärkten wieder. Wie der Manager eines Pensionsfonds sagte: „Für mich ist Hongkong kein Schwellenmarkt, weil man dort problemlos investieren kann und der Markt sehr liquide ist." Berücksichtigt man aber den Umstand, dass Hongkong zu China gehört, das in der Kategorie mit mittlerem Pro-Kopf-Einkommen anzusiedeln ist, ist es ganz klar ein Schwellenmarkt. Als weiterer maßgeblicher Faktor ist in Betracht zu ziehen, dass viele der in Hongkong notierten Unternehmen einen Großteil ihrer Erträge in China erwirtschaften. Es wäre daher falsch, solche Anlagemöglichkeiten nicht der Schwellenländerkategorie zuzurechnen.

„Schwellenmärkte sind die Finanzmärkte von Volkswirtschaften im Wachstumsstadium ihres Entwicklungszyklus und weisen ein niedriges bis mittleres Pro-Kopf-Einkommen auf."

Vom Schwellenmarkt zum Industrieland

Noch eine Frage: Wann ist ein Aktienmarkt kein Schwellenmarkt mehr? Wenn das Einkommensniveau von Schwellenländern steigt und sich ihre Aktienmärkte entwickeln und für internationale Investoren allgemein leichter zugänglich werden, stehen wir vor dem Problem, zu entscheiden, welche Länder oder Märkte von der Liste zu streichen und welche neu aufzunehmen sind. So wird zum Beispiel viel über die Hochstufung von Südkorea und Taiwan zu Industrieländern gesprochen.

Die Liste der Schwellenmärkte ändert sich weiterhin mit der wirtschaftlichen und politischen Entwicklung weltweit. Derzeit werden solche Länder als Entwicklungs- oder Schwellenländer klassifiziert, die von der Weltbank, der International Finance Corporation, den Vereinten Nationen oder den eigenen Regierungen der Länder als Schwellenländer erachtet werden, aber auch Länder, deren Aktienmarktkapitalisierung keine 3 Prozent des MSCI World Index ausmacht. Diese Länder liegen in aller Regel in Asien (ohne Japan), dem Nahen Osten, Osteuropa, Zentral- und Südamerika und auch in Afrika. Insgesamt sind es etwa 170 Länder, die diese Voraussetzungen erfüllen.

Auf den ersten Blick erscheint dieses Länderspektrum so vielfältig, dass sich jede ernsthafte Investmentanalyse verbietet. Doch es gab und gibt praktische Faktoren, anhand derer sich die Liste für Anleger verkürzen lässt. So ist eine Anlage in vielen Ländern von vornherein ausgeschlossen, weil etliche Barrieren vorliegen, etwa Beschränkungen für ausländische Investitionen, Besteuerung oder das Fehlen von Aktienmärkten. Allmählich lösten sich immer mehr Länder vom sozialistischen/kommunistischen Wirtschaftsmodell, weil sie erkannten, dass die Marktwirtschaft mehr Wachstum versprach. Das hatte zur Folge, dass Renten- und Aktienmärkte neben heimischen auch für ausländische Investoren geöffnet wurden. Indem solche Länder ausländische Investoren auf ihre Märkte lassen, ermöglichen sie Anlegern, die nicht im eigenen Land ansässig sind, die Investition auf ihren Aktienmärkten und locken damit nicht nur mehr Kapital an, sondern integrieren sich auch zunehmend in die größeren globalen Märkte.

Die FELT-Kriterien

Die Märkte sind zwar inzwischen leichter zugänglich, doch bestimmte Hürden bestehen nach wie vor. Bevor ich bereit bin, mich auf einem Aktienmarkt zu engagieren, möchte ich gewisse Mindestanforderungen erfüllt sehen, die ich mit dem eingängigen Akronym FELT bezeichne. FELT steht für:

- *Fair:* Werden alle Investoren gleich behandelt? Bietet das Unternehmen eine einzige Aktiengattung an, sodass jede Aktie die gleichen Stimmrechte besitzt? Stehen allen Anlegern Marktinformationen zur Verfügung?
- *Effizient:* Können Anleger problemlos und sicher Aktien kaufen und verkaufen? Arbeiten die Systeme zur Aufzeichnung von Transaktionen rasch und korrekt, bei möglichst geringen Verzögerungen, damit Kapital nicht unnötig gebunden wird?
- *Liquide:* Sind Umsatz beziehungsweise Volumen groß genug, um jederzeit auf dem Markt Aktien kaufen oder verkaufen zu können? Ist der Anteil des Streubesitzes, also der gewöhnlich zum Handel zur Verfügung stehenden Aktien, an der Gesamtzahl in Umlauf befindlicher Aktien hoch?
- *Transparent:* Lässt sich leicht feststellen, was auf einem Markt wirklich passiert? Kann ich Informationen über die börsennotierten Unternehmen erhalten? Veröffentlichen sie geprüfte Abschlüsse?

Entspricht ein Markt den FELT-Kriterien, dürfen Sie ihn interessant finden. Tut er es nicht, ist er mit Vorsicht zu genießen.

Als ich 1987 angefangen habe, für Templeton auf Schwellenmärkten zu investieren, gab es de facto nur eine Handvoll Märkte, auf denen man investieren konnte. Jeder Einstieg in einen neuen Markt war mit zahlreichen administrativen und technischen Problemen verbunden, die zu lösen waren – wie die Bestellung einer Depotbank zur sicheren Verwahrung der Wertpapiere, das Studium der örtlichen Gesetze und Vorschriften, die Information über die Komplexitäten der Handelssysteme des jeweiligen Landes und vieles mehr. Dies und anderes galt es zu bewältigen neben der Hauptaufgabe, mögliche Anlagechancen in Unternehmen zu ermitteln. Im Laufe der Jahre hat sich das Universum anlagefähiger Schwellenmärkte von nur fünf Aktienmärkten 1987 auf heute über 60 erweitert.

Kapitel 2

Die wichtigsten Gründe für die Anlage auf Schwellenmärkten

Wachstum und Diversifizierung

Wieso man in Schwellenländern investieren sollte? Weil dort Wachstum stattfindet! Die Volkswirtschaften von Schwellenländern wachsen deutlich schneller als die von einkommensstärkeren Industrieländern. Der Internationale Währungsfonds (IWF) schätzte das Wirtschaftswachstum von Schwellenländern für 2012 auf 6 Prozent – dreimal so viel wie die für Industrieländer angesetzten 2 Prozent.

Woher kommt der plötzliche Wachstumsschub?

Was sind die Gründe für das dynamische Wachstum in Schwellenländern? Wächst eine Volkswirtschaft um 5 Prozent und die Bevölkerung nur um 1 Prozent, so steigen die Pro-Kopf-Einkommen schnell. Genau das passiert in den Schwellenländern. Diese grundlegende Entwicklung wird von einem weiteren kräftigen Wachstumstreiber verstärkt: dem relativ niedrigen Ausgangsniveau nämlich, von dem diese Länder kommen und das ihnen jetzt spektakuläre Wachstumssprünge ermöglicht.

Auch in anderer entscheidender Hinsicht haben die Schwellenmärkte Glück: Sie müssen das Rad – also das Handy, den Laserdrucker oder den Industrieroboter – nicht neu erfinden, um sich moderner Technik zu bedienen. In der Praxis bedeutet das, dass manche Länder in der Lage waren, Börsen gleich ohne Handelssäle einzurichten, weil der Handel von Anfang an elektronisch ablief und Makler über ihre Rechner Kauf- und Verkaufsorders eingeben konnten. Die Produktivitätssteigerungen durch innovative Technik standen sofort zur Verfügung. Derartiger Technologietransfer trug dazu bei, das Wachstum in Schwellenländern anzukurbeln.

Außerdem stehen den Unternehmen angesichts unvermeidlicher Engpässe bei fast allen Dienstleistungen und Rohstoffen und nicht befriedigter Nachfrage nach neuen Produkten bei wachsendem Wohlstand der Schwellenländer beispiellose Geschäftschancen offen. Aus zunehmenden Ausgaben in diesen Ländern und der erforderlichen Expansion im Kredit- und Finanzwesen entstehen Impulse für die Entwicklung von Kapital- und Aktienmärkten.

So besaß beispielsweise in China 1990 nur 1 Prozent der ländlichen Haushalte einen Kühlschrank. Im Laufe der Jahre stiegen Lebensstandard und Einkommen, sodass dieser Wert 2009 schon bei 37 Prozent lag. Ebenso hatten 1990 nur 9 Prozent eine Waschmaschine – gegenüber 50 Prozent im Jahr 2009. Lediglich 7 Prozent der ländlichen chinesischen Haushalte verfügten 2009 über einen Computer. Im Vergleich zu Industrieländern wie den Vereinigten Staaten, in denen der Anteil der Haushalte mit Internetzugang 2009 knapp 70 Prozent betragen hatte, ist das wenig. Es besteht also ganz klar enormes Potenzial für weiteres Wachstum.

Die Aktienmärkte in Schwellenländern florieren mit dem Wirtschaftswachstum. Werden sie größer, ermöglicht das stärkere Ausschläge bei den Bewertungen. Diese können in Auf- oder Abwärtsrichtung erfolgen, dürften aber im Hinblick auf das hohe Wirtschaftswachstum eher weiter aufwärts tendieren. Je mehr Unternehmen die Wahl haben, an die Börse zu gehen oder durch Privatisierung aus dem staatlichen Sektor auszuscheiden, desto größer die zur Verfügung stehende Auswahl in maßgeblichen Wirtschaftszweigen wie Energie, Finanzen oder Industrie. So überstieg das Volumen von Börsengängen (Initial Public Offerings oder IPOs) und Folgeemissionen 2011 beispielsweise 245 Milliarden US-Dollar und lag damit rund 30 Prozent über den auf dem US-Markt verzeichneten Werten, und der Anteil am globalen Gesamtwert betrug rund 40 Prozent. 2010 fielen die Zahlen sogar noch höher aus – mit IPOs und Folgeemissionen auf Schwellenmärkten über insgesamt 470 Milliarden US-Dollar, was mehr als dem Doppelten der auf dem US-Markt verbuchten 198 Milliarden US-Dollar und rund der Hälfte der weltweit registrierten 950 Milliarden US-Dollar entsprach.

2011 entfielen bereits 34 Prozent der gesamten Aktienmarktkapitalisierung der Welt auf Schwellenmärkte. Zehn Jahre zuvor waren es noch nicht einmal 10 Prozent gewesen. Diese statistischen Daten mögen viele langfristige Investoren schockieren, die gewohnheitsmäßig nur die Industrieländer berücksichtigen. Sie bedeuten aber, dass Anleger heute viel mehr Möglichkeiten haben, Titel auszuwählen und sich auf diesen wachstumsintensiven Märkten zu engagieren, als noch vor 20, 10 oder sogar 5 Jahren.

Vor allem steigert die Anlage auf Schwellenmärkten den Wertentwicklungsbeitrag beziehungsweise die Vorteile der Diversifizierung, da sich Schwellenmärkte in aller Regel stärker entwickelt haben als Industrieländer. Wie die nachstehende Grafik zeigt, haben die Schwellenmärkte den US-Markt seit 1988 – ein Jahr nach Auflegung des Templeton Emerging Markets Fund – bis Ende Januar 2012 um rund 940 Prozent übertroffen und den globalen Markt um über 1.360 Prozent.

Natürlich schwankt die Wertentwicklung von Jahr zu Jahr, und in manchen Jahren schneiden die Schwellenmärkte auch schlechter ab als andere Märkte. In den meisten Jahren liegen sie aber vorn. Die Unterschiede zwischen den einzelnen Ländern können jedoch erheblich sein. So rentierten Argentinien und Sri Lanka 2010 in US-Dollar über 70 Prozent, während Bahrain und Kasachstan am anderen Ende des Spektrums in gleicher Währung 18 beziehungsweise 15 Prozent einbüßten. Es ist daher nur logisch, dass eine breitere Streuung über eine größere Anzahl von Ländern

Wertentwicklung der Schwellenmärkte im Vergleich zum globalen und zum US-Markt

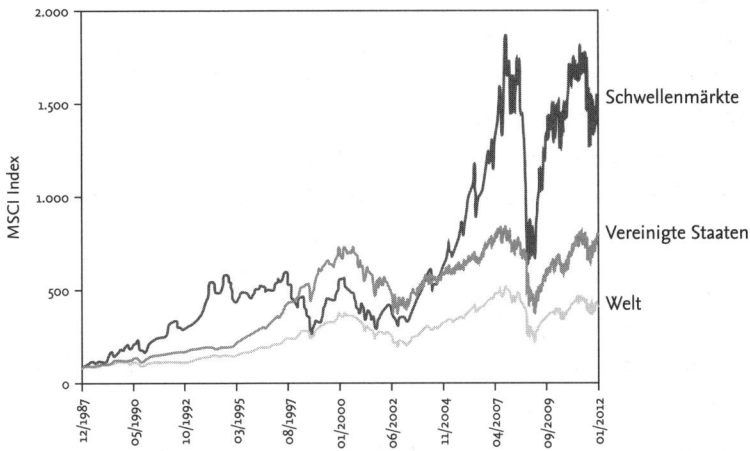

Datenquelle: MSCI, FactSet.

generell die Aussichten verbessert, dass zumindest ein Teil Ihrer Positionen in einem gegebenen Jahr optimale Erträge erzielt.

Die „Qual" der Wahl

Ob Sie damit liebäugeln, sich selbst ein Portfolio an Schwellenländeraktien zusammenzustellen oder Anteile an einem der vielen globalen oder auf Schwellenländer spezialisierten Investmentfonds zu erwerben – am Anfang sollte auf jeden Fall ein kritischer, gründlicher Blick auf die Welt stehen. Vielleicht hatten Sie ja zuletzt in der sechsten Klasse einen Atlas in der Hand, doch das Studium einer Weltkarte ist stets gut investierte Zeit und kann über Ihren Erfolg als globaler Investor entscheiden.

Als Erstes wird Ihnen dabei vermutlich auffallen, wie klein sich die Industrieländer im Vergleich zur schier endlosen Landfläche ausnehmen, die die Schwellenländer bedecken. Auf Schwellenländer entfallen 77 Prozent der globalen Landmasse, über 80 Prozent der Weltbevölkerung, mehr als 65 Prozent der globalen Devisenreserven und rund 50 Prozent des globalen Bruttoinlandsprodukts (BIP). 2010 lebten rund 5,7 Milliarden Menschen in Schwellenländern – etwa fünf Mal so viele wie in den Industrieländern mit ihren 1,2 Milliarden Einwohnern. Allein China und Indien stellen über 2,5 Milliarden Menschen – in etwa das Vierfache der rund 700 Millionen Bürger der USA und der Europäischen Union.

Als Anlagekategorie ließen sich die Schwellenländer unschwer in reifere oder bekanntere Schwellenmärkte und Grenzmärkte unterteilen, die jünger und geringer entwickelt sind.

Märkte wie Brasilien, Hongkong und Indien wären als *reife* Schwellenmärkte zu betrachten – aber nicht, weil sie gegen die allen Schwellenmärkten eigene Volatilität gefeit sind, sondern weil sie eine breite Palette an Anlagemöglichkeiten, eine gewisse operative Transparenz und vergleichsweise fortschrittliche Systeme zum Anlegerschutz bieten wie eine Wertpapieraufsicht und Regelungen zum Umgang mit Minderheitsaktionären. Solche Märkte verfügen auch über ein robusteres und besser entwickeltes heimisches Anlegerpublikum und reagieren weniger empfindlich auf Schwankungen der Risikobereitschaft im Ausland.

Solche Länder gehören zu den Schlüsselmärkten für Schwellenländerportfolios und sollten von jedem potenziellen Emerging-Markets-Anleger, der Zeit für eingehende Analysen erübrigen kann, sorgfältig auf Chancen abgeklopft werden.

Natürlich lassen sich auf Grenzmärkten wie Nigeria, Vietnam und Pakistan beträchtliche Gewinne erzielen, weil sie von der Masse der Anleger gemeinhin als riskantere Anlageziele betrachtet und deshalb gemieden werden. Diese Einstellung bedeutet oft, dass die Kurse niedrig sind und die Chancen zum Erwerb billiger Aktien günstig. Womit wir auf folgende Wahrheit gestoßen wären: Das Eingehen von Risiken ist die beste Möglichkeit für Anleger, Gewinne zu erzielen.

Das Eingehen von Risiken ist die beste Möglichkeit für Anleger, Gewinne zu erzielen.

China, Indien, Indonesien, Brasilien und Russland (die sogenannten Big Five) sind nach sämtlichen Maßstäben rentable Schwellenmärkte. Sie sind nicht nur in der Entwicklung begriffen, sondern gehören auch zu den 20 größten Volkswirtschaften der Welt, China, Brasilien und Indien sogar zu den Top Ten. Diese Volkswirtschaften sind ganz klar die Wirtschaftsmotoren des 21. Jahrhunderts.

Werfen wir rasch einen zweiten Blick auf die Liste: China, Indien, Indonesien, Brasilien und Russland. In den 1990er-Jahren hätten sie alle leicht in der Kategorie der globalen Finanzkatastrophenregionen der Welt landen können. Heute prognostiziert die Economist Intelligence Unit diesen rasant aufstrebenden Ländern bis einschließlich 2020 ein durchschnittliches Jahreswachstum von 6,5 Prozent, mit dem sie die im Vergleich kümmerliche Entwicklung der Industrieländer mit einer Wachstumsrate von 1,9 Prozent weit in den Schatten stellen. Doch der Crash in Indonesien und anderen asiatischen Ländern in den Jahren 1997 und 1998 sowie der wirtschaftliche Zusammenbruch Russlands Mitte 1998 zeigten unmissverständlich, dass nach wie vor echte Gefahren lauern.

Die Vormachtstellung dieser Schwellenländer hat die wirtschaftliche Landkarte der Welt in den letzten 25 Jahren verändert. Was aber bedeutet das alles nun für Sie als potenziellen globalen Investor – und natürlich auch für mich?

Sie sollten diese fünf wirtschaftlichen Machtzentren näher untersuchen und feststellen, ob es dort Unternehmen gibt, in die Sie gern investieren würden. Aber auch jenseits der Big Five legen die hohen Wachstumsraten, die heute fast alle Schwellenländer (mit Ausnahmen natürlich) verzeichnen, Folgendes nahe: Wer sich in den wachstumsstärksten Volkswirtschaften der Welt engagieren möchte, muss den Sprung auf die Schwellenmärkte wagen. Warum? Weil es aufs WACHSTUM ankommt.

Jeder Markt ist mal volatil

Von 2000 bis 2010 wuchsen die Volkswirtschaften von vier maßgeblichen Schwellenmärkten – Brasilien, Russland, Indien und China, oft auch als BRIC-Märkte bezeichnet – um 112 Prozent. Im gleichen Zeitraum verbuchten die Volkswirtschaften dreier wichtiger Industrieländer – der USA, Großbritanniens und Japans – ein im Vergleich unspektakuläres Wachstum von 14 Prozent.

Im Jahr 2000 bewegte sich das Durchschnittswachstum des Bruttoinlandsprodukts (BIP) der Schwellenländer weltweit bei 6,5 Prozent. Die Industrieländer verzeichneten zeitgleich nur knapp 4 Prozent.

Zehn Jahre später, 2010, hatte sich die Wachstumslücke zwischen den Schwellenmärkten und den Industrieländern der Erde sogar noch vergrößert: Für Schwellenländer betrug der Durchschnittswert 7,7 Prozent, für Industrieländer dagegen nur 2,6 Prozent.

Bitte beachten Sie: Diese enormen Wachstumsraten sind nicht als Beleg dafür zu werten, dass die Aktienmärkte der Schwellenländer auch künftig im Gleichschritt mit ihren wachstumsstarken Volkswirtschaften kräftig zulegen.

Nach den Ansteckungseffekten in Asien in den Krisenjahren 1997 und 1998 sowie dem in Lateinamerika drei Jahre zuvor beobachteten „Tequila-Effekt" zu urteilen, sind die Schwellenmärkte nicht gegen Schocks gefeit, und ihr Weg zu Wohlstand und Reichtum ist oft holprig und steinig. Genau diese Volatilität ist es aber, die bei sachgemäßer Handhabung langfristig überdurchschnittliche Renditen bringen kann.

Wir müssen uns damit abfinden, dass Schwankungen ein Merkmal aller Märkte sind – auch der ausgereiftesten.

Schwankungen sind ein Merkmal aller Märkte – auch der ausgereiftesten.

Der Grund dafür ist eigentlich ganz simpel: Sämtliche Märkte richten sich mehr nach der Psychologie der Masse als nach der objektiven Realität und neigen daher dazu, in beide Richtungen stärker auszuschlagen als die Wirtschaftswachstumsraten. Ein geduldiger Investor kann übrigens Geld verdienen, wenn er den Einfluss irrationaler Emotionen richtig zu deuten versteht.

Wenn Sie Gefühle ausklammern und Ihre Strategie auf langfristige fundamentale Voraussetzungen ausrichten, können Sie in fallenden und steigenden Marktphasen gewinnen.

Derartige Übertreibungen neutralisieren sich übrigens mit der Zeit. Das bedeutet, dass die Aktienmärkte am Ende auf lange Sicht das Wirtschaftswachstum widerspiegeln. Doch wie alle Märkte verhalten sich auch die Schwellenmärkte zyklisch – was nichts anderes ist als eine beschönigende Bezeichnung für Aufschwung- und Abschwungphasen.

Diese Volatilität lässt sich meiner Erfahrung nach am besten dadurch entschärfen, dass man sich beständig an die bewährte wertorientierte und mitunter gegenläufige Strategie hält, die erstmals von unserem Mentor eingesetzt wurde, dem mittlerweile verstorbenen Sir John Templeton. Er wird oft als Pate der globalen Kapitalanlage bezeichnet. Sir John Templeton war ein Pionier des Finanzinvestments und gehörte zu den ersten Investoren, die sich in den 1960er-Jahren nach Japan wagten, als das Land noch als unterentwickelte Volkswirtschaft galt. Seine Strategie beruhte auf:

- der Ermittlung der interessantesten Anlageschnäppchen in aller Welt;
- einer lang- anstatt kurzfristigen Ausrichtung;
- gesundem Menschenverstand.

Wenn wir unerkannten Wert ausmachen, sind wir bereit, gegenläufig zu agieren und zu kaufen, wenn andere resigniert verkaufen, beziehungsweise zu verkaufen, wenn andere begierig kaufen.

Der große Widerspruch beim wertorientierten Investieren besteht darin, dass der Löwenanteil der Gewinne erst nach – nicht vor – dem Einbruch anfällt. Ob Asienkrise, lateinamerikanischer Tequila-Effekt oder US-Subprime-Krise, man kann sich in heiklen Zeiten die meisten und besten Schnäppchen stets dann sichern, wenn schlechte Nachrichten eingehen und alle anderen verkaufen wollen.

Schlechte Zeiten können gute Zeiten sein. Oder, wie es ein Kollege einmal formulierte: „Für uns sind schlechte Nachrichten gute Nachrichten."

Durch die Streuung von Anlagen über viele Länder statt nur ein einziges erhöht sich nicht nur die Wahrscheinlichkeit, höhere Erträge zu erzielen, sondern solche Portfolios sind in aller Regel weniger volatil. Das liegt an der größeren Vielfalt der Positionen und am breiteren Spektrum wirtschaftlicher und politischer Variablen, die sich auf die Anlagen auswirken.

Als ich mich mit Kundengeldern in Höhe von nur 100 Millionen US-Dollar in der Kasse (im Vergleich zu 50 Milliarden US-Dollar heute) erstmals auf den Schwellenmärkten engagierte, wurden unsere Anlagekriterien nur von einer Handvoll Länder erfüllt. Unser Dreh- und Angelpunkt war damals Hongkong, wo ich zu Anfang meiner Investmentkarriere auch lebte.

Ich kannte die Praktiken und Eigenarten des dortigen Markts und das Verhalten der heimischen chinesischen Investoren – oder glaubte sie zu kennen – und fühlte mich sicher. Doch als wir im Oktober 1987 erstmals größere Summen auf dem dortigen Markt investierten, löste der große Börsenkrach in den USA gerade weltweit Schockwellen aus und drückte auf die globalen Märkte, die sich eben erst von der Flaute der 1970er infolge der globalen Ölkrise erholten.

Als die Flutwelle Asien traf, schloss der Chef der Hong Kong Stock Exchange die Börse drei Tage lang. Als der Markt wieder öffnete, belief sich unser Verlust auf dem Papier auf rund ein Drittel unseres gesamten Portfoliovolumens. Diese äußerst beunruhigende Erfahrung (ich habe damals persönlich auf viele nervöse Investoren eingeredet, die Welle auszusitzen) erteilte mir und meinem damals noch sehr kleinen Emerging-Markets-Team eine unvergessliche Lektion über die Risiken, die es mit sich bringt, wenn man zu viele Eier in einen Korb legt. Ich lernte, dass man tatsächlich alle Eier zur falschen Zeit im falschen Korb haben konnte.

Diese traumatische Finanzmarktturbulenz machte mir absolut unmissverständlich eine der wichtigsten Regeln für die Anlage auf Schwellenmärkten klar: Der beste Schutz ist die Diversifizierung.

Der beste Schutz ist die Diversifizierung

Um die eigene Anfälligkeit für größere Einbrüche auf einem Markt zu verringern, sollte jeder Anleger diversifizieren. So schützen Sie sich am besten vor unerwarteten Ereignissen, Naturkatastrophen und betrügerischem Management sowie vor Panikreaktionen des Anlegerpublikums. Hinzu kommt, dass die globale Anlage von Kapital über alle Sektoren hinweg der Investition in nur einem Markt oder einer Branche stets überlegen ist. Wenn Sie sich weltweit orientieren, finden Sie mehr und interessantere Schnäppchen, als wenn Sie sich auf einen Markt beschränken. Sie sollten sich nie zu stark vom Schicksal eines einzigen Titels, Marktes oder Sektors abhängig machen.

Durch die Streuung von Vermögenswerten über viele Länder und Aktien sinken Volatilität und Risiken, ohne dass das Gewinnpotenzial dadurch beschnitten würde. Der Grund dafür: Ihre Anlagen werden in verschiedenen Ländern auf unterschiedliche Weise von einer größeren Bandbreite maßgeblicher wirtschaftlicher und politischer Variablen beeinflusst. Ein einfaches Beispiel: Wenn die Ölpreise hoch sind, steigt die Rentabilität von Unternehmen Öl exportierender Länder wie Russland oder den Vereinigten Arabischen Emiraten und sorgt generell für höhere Erträge, während Unternehmen, die in Öl importierenden Ländern wie Japan auf eingeführtes Öl angewiesen sind, möglicherweise schlechtere Ergebnisse ausweisen und Kursverluste erleiden.

Diversifiziert ein US-Anleger, indem er neben seinen amerikanischen Positionen lediglich in, sagen wir, Großbritannien investiert, besteht zwar ein Diversifizierungseffekt, der jedoch lange nicht so ausgeprägt ist wie bei einem Engagement auf Märkten wie Bahrain, Jordanien, Bangladesch oder Slowenien. Das liegt am Korrelationskoeffizienten, der Kennzahl für die Häufigkeit, mit der sich die Märkte im Gleichlauf bewegen. Dieser ist für britische und US-amerikanische Aktienindizes mit 0,98 von höchstens 1,0 ziemlich hoch. Das bedeutet, dass die britischen Märkte in 9,8 von 10 Fällen gemeinsam mit den US-Märkten nachgeben. Für die Schwellenländer sind die Werte niedriger. Letztlich profitiert ein Portfolio in diesem Fall nur in geringem Maß von Diversifizierung und Risikominimierung. Bahrain, Jordanien, Bangladesch und Slowenien korrelieren dagegen allesamt negativ mit den Vereinigten Staaten. Das heißt, wenn der US-Markt fällt, steigen diese Märkte möglicherweise und umgekehrt. Anlagen auf Schwellen- und Grenzmärkten dienen folglich der Verringerung der Volatilitätsrisiken eines Portfolios, und zwar in deutlich größerem Umfang, als dies mit Positionen in anderen Industrieländern zu erreichen wäre.

Doch auch zwischen zwei verschiedenen Schwellen- oder Grenzmärkten besteht Gewinnpotenzial. Selbst einzelne Märkte können sich relativ eigenständig entwickeln und einem diversifizierten Portfolio im Vergleich zu Anlagen in nur einem Land Vorteile bieten. So betrug der Korrelationskoeffizient für die Märkte von Thailand und Ägypten in manchen Jahren nur 0,28 und für die Türkei und Nigeria 0,32. Die Korrelation zwischen China und Jordanien war de facto negativ – ebenso wie zwischen Südkorea und Bahrain. Deshalb dürfte ein Portfolio mit einer Auswahl von Schwellenländeraktien im Vergleich zu einem Portfolio, das einen Schwellenmarkt und ein Industrieland umfasst, noch größere Diversifizierungsvorteile aufweisen.

Doch die Welt wird kleiner, die Kommunikation besser und schneller, und globale Investoren investieren immer mehr auf Schwellenmärkten, was zu stärkerer Korrelation zwischen Industrie- und Schwellenländern führt. Das gilt vor allem in Krisenzeiten und offenbarte sich während der US-Subprime-Krise 2008, der asiatischen Finanzkrise 1998 und sogar bei der Abwertung des mexikanischen Pesos 1994. Zunehmende Wahlmöglichkeiten erleichtern die Diversifizierung zum Glück. Heute stehen uns weit mehr Körbe zur Verfügung, und es gibt weniger hoffnungslose Fälle. 1987, als Templeton an der New York Stock Exchange den ersten börsennotierten Schwellenländerfonds auflegte, engagierte sich noch kein anderer US-Investmentfonds in nennenswertem Umfang in Übersee. Heute stehen Anlegern über 6.000 Aktienfonds mit Schwellenländer-Engagement offen.

Doch Schwellenmärkte wachsen nicht nur sichtlich schneller als Industrieländer, sie erstarken auch und sind besser gegen externe Schocks gewappnet als noch Ende der 1990er-Jahre. Schwellenländer haben in der Regel höhere Devisenreserven und niedrigere Verschuldungsquoten als Industrieländer.

Im August 2011 beliefen sich die Gesamtreserven der Schwellenmärkte als Gruppe (ohne Gold) auf rund 7.000 Milliarden US-Dollar – das Doppelte der rund 3.500 Milliarden US-Dollar, die Industrieländer halten. Zum Vergleich: Die größten Devisenreserven der Welt hält China mit über 3.200 Milliarden US-Dollar, mit großem Abstand gefolgt von Japan mit rund 1.100 Mrd. US-Dollar. An nächster Stelle stehen unter anderem Schwellenländer wie Russland, Saudi-Arabien, Korea, Taiwan und andere. Ende 2010 betrug die Verschuldungsquote der G7-Staaten über 95 Prozent und damit mehr als das Dreifache der rund 30 Prozent von

Schwellenmärkten. Die Gesamtverschuldungsquote unter Berücksichtigung öffentlicher und privater Schulden überstieg für Industrieländer wie Japan, Großbritannien, Portugal, Spanien und die Vereinigten Staaten 200 Prozent – im Falle Japans sogar 350 Prozent. Am anderen Ende des Spektrums reichen die Werte für Schwellenmärkte von unter 50 Prozent für Russland und weniger als 80 Prozent für die Türkei bis rund 110 Prozent für Brasilien und Indien.

Es ist daher leicht nachvollziehbar, weshalb die Akzeptanz von Schwellenländern zur Erfüllung von Anlagezielen wie Portfoliostreuung und höheren Renditen steigt. Aus diesem Grund schichten immer mehr Investoren in den Vereinigten Staaten, Europa und Japan ihre Portfolios um. Sie fahren Positionen auf heimischen Märkten und in Industrieländern zurück und engagieren sich stattdessen auf Schwellenmärkten. Das geschieht allerdings zu langsam. Wie wir aufgezeigt haben, entfallen bereits mehr als 30 Prozent der globalen Marktkapitalisierung auf die Aktienmärkte von Schwellenländern, während diese in den Portfolios institutioneller US-Investoren im Schnitt nur mit 3 bis 8 Prozent gewichtet sind. Das bedeutet, die Schwellenländer sind in den Portfolios der meisten Investoren stark unterrepräsentiert. Je mehr Anleger das hohe Wachstumspotenzial von Schwellenländeraktien erkennen, desto mehr Kapital dürfte unseren Erwartungen nach auf diese Märkte fließen.

Kapitel 3

Die Entdeckung der Grenzmärkte

Wer als Erster am Zug ist, kann sich Vorteile sichern

Als ich unlängst Lagos in Nigeria besuchte, blieb ich im Hotel gleich zweimal im Aufzug stecken. Ich muss zugeben, dass das in manchen Schwellenländern selbst für die besten Hotels einer Großstadt nicht ungewöhnlich ist. Diese Erfahrung illustriert die steigende Nachfrage nach Energiequellen in Schwellenländern und ganz besonders auf Grenzmärkten wie Nigeria. Das betreffende Hotel war wie andere Hotels und Unternehmen des Landes zur Stromversorgung auf eigene Dieselgeneratoren angewiesen, weil das öffentliche Stromnetz nicht zuverlässig war. Und in diesem Fall war der hoteleigene Generator ausgefallen.

In den letzten Jahren entstand der Eindruck, dass es unter den Schwellenländern zahlreiche neue Märkte gibt, die sogar noch schneller wachsen. Solche jüngeren Schwellenmärkte, die wir „Frontier Markets" oder „Grenzmärkte" nennen, finden sich überall auf der Welt – in Lateinamerika, Afrika, Osteuropa und Asien. Die Liste ist lang und umfasst Länder wie Nigeria, Saudi-Arabien, Kasachstan, Bangladesch, Vietnam, die Vereinigten Arabischen Emirate, Katar, Ägypten, die Ukraine, Rumänien, Argentinien und viele weitere Staaten, die vom Research vernachlässigt oder gänzlich ignoriert wurden, weil sie zu klein waren, als zu riskant galten oder ein Engagement dort aufgrund von Devisenbeschränkungen oder anderen Hürden für Investoren zu kompliziert war.

Warum Sie in Grenzmärkte investieren sollten

Von 2001 bis 2010 waren die zehn wachstumsstärksten Märkte allesamt Schwellenländer und neun davon Grenzmärkte. Überraschenderweise zählen zu diesen Ländern mit besonders hohen Wachstumsraten neben China auch die Grenzmärkte Angola, Myanmar, Nigeria, Äthiopien, Kasachstan, der Tschad, Mosambik,

Kambodscha und Ruanda. 2010 betrug das Wachstum in Vietnam 6 Prozent, in Nigeria 7 Prozent und in Katar 18,5 Prozent. In den Industrieländern lag es zum Vergleich bei 2 Prozent.

Neun der zehn wachstumsstärksten Länder sind Grenzmärkte.

Es besteht auch erhebliches künftiges Wachstumspotenzial. Auf die Grenzmärkte entfallen zwar 16 Prozent der globalen Landfläche und 17 Prozent der Weltbevölkerung, doch nur 6 Prozent des globalen Bruttoinlandsprodukts. Diese Lücke schließt sich angesichts der hohen Wachstumsraten rasch, da immer mehr Länder bei Produktion und Konsum aufholen. Betrachten wir zum Beispiel die Verbreitungsrate der Mobilfunknutzung auf mehreren dieser Märkte: Sie lag in Japan und den Vereinigten Staaten 2010 bei über 90 Prozent, in Nigeria nur bei 55 Prozent und in Bangladesch lediglich bei 46 Prozent. Doch bei steigenden Pro-Kopf-Einkommen und expandierenden Distributions-/Kommunikationssystemen ziehen diese Länder schnell nach.

Wie bereits erwähnt sind Grenzmärkte Märkte, die Investoren in aller Regel abschrecken – etwa weil sie zu riskant erscheinen, zu klein oder zu wenig liquide. Wir haben aber festgestellt, dass sie nicht nur schneller wachsen, sondern etliche Merkmale aufweisen, die sie sicherer machen als angenommen. Sie bestechen in aller Regel durch in Relation zum Bruttoinlandsprodukt niedrigere Verschuldung und höhere Devisenreserven. Wirtschaftswachstum geht mit wachsenden Kapitalmärkten einher, die schnell nicht mehr klein und illiquide sind, sondern groß und liquide.

Viele Grenzmärkte verfügen über enorme Bodenschätze. Besonders interessant wirken Unternehmen mit starker Position in der Produktion von Rohstoffen wie Öl, Eisenerz, Aluminium, Kupfer, Nickel und Platin. Die Infrastrukturentwicklung in Schwellenländern hat zu anhaltender Nachfrage nach harten Rohstoffen geführt. Der Bedarf an weichen Rohstoffen wie Zucker, Kakao und bestimmten Getreidesorten hat ebenfalls zugenommen. Viele Grenzmärkte sind bereits führende Produzenten von Öl, Gas, Edelmetallen und anderen Rohstoffen. Sie sind gut aufgestellt, um von der steigenden globalen Nachfrage nach diesen Ressourcen zu profitieren.

Im Konsumsektor sind steigende Pro-Kopf-Einkommen gleichbedeutend mit rasch anziehender Nachfrage nach Konsumprodukten. Nachlassendes Bevölkerungswachstum bei rasanter Expansion der Wirtschaft sorgt für zunehmende Pro-Kopf-Einkommen und heizt die Nachfrage nach Konsumprodukten an. Dadurch haben sich die Aussichten konsumabhängiger Unternehmen auf Ertragssteigerungen verbessert. Wir interessieren uns nicht nur für Chancen in Segmenten, die sich auf Konsumprodukte beziehen – wie Autoindustrie und Einzelhandel –, sondern auch für Verbraucherdienstleistungen wie Finanzen, Banken und Telekommunikation.

Mit dem Wirtschaftswachstum in Grenzmärkten steigen auch die Investitionen in Infrastruktur, wodurch sich spannende Gelegenheiten im Baugewerbe, im Verkehrswesen und in der Telekommunikationsbranche auftun. Mehr Konsum verhilft diesen Volkswirtschaften zu beträchtlicher Kaufkraft und gibt ihnen die Möglichkeit, Wachstum durch Konsumausgaben herbeizuführen. Außerdem sind und waren Grenzmärkte positiven Einflüssen durch umfangreiche Investitionen ausgesetzt, die von großen

Schwellenländern wie China, Indien, Russland und Brasilien getätigt wurden.

Die verhältnismäßig schwache Korrelation der Grenzmärkte mit den globalen Märkten bietet Anlegern darüber hinaus die Chance, ihre Anlageportfolios zu diversifizieren. Hinzu kommt, dass die Wachstumstreiber dieser Volkswirtschaften sehr unterschiedlich sind. So entstehen etwa in Botswana, das zu den größten Diamantenexporteuren der Welt gehört, Datenverarbeitungszentren. Das öl- und ressourcenreiche Kasachstan investiert maßgeblich in die Entwicklung seiner Infrastruktur. Die Vielfalt der wirtschaftlichen Themen im Grenzmarktuniversum gewährleistet den Aufbau potenziell breit gestreuter Portfolios.

Die zunehmende Zahl der Börsengänge (IPOs) auf Grenzmärkten belegt, dass die lokalen Kapitalmärkte laufend stärker werden. Das ist in erster Linie das Resultat der Veräußerung staatlicher Betriebe und Vermögenswerte durch die Regierungen an der Börse. Gleichzeitig nutzen Unternehmer die Kapitalmärkte vermehrt zur Finanzierung von Expansion. Der Anstieg der IPOs wiederum hat die gesamte Aktienmarktkapitalisierung im Grenzmarktuniversum in die Höhe getrieben und rückt diese Länder und Unternehmen allmählich in den Fokus von immer mehr Anlegern.

Wer auf Gold stoßen will, muss tiefer graben

Des Weiteren sind Grenzmärkte in aller Regel unzulänglich analysiert. Deshalb werden sie von Investoren mehrheitlich ignoriert. So haben Makler, Banken und andere Organisationen in den USA 2010 pro Monat rund 30.000 Analysen über Unternehmen vorgelegt, in Nigeria dagegen keine 100. Diese Knappheit an Informationen für Investoren kann jedem zum Vorteil gereichen, der bereit ist, vor Ort selbst erste Recherchen anzustellen. Wer willens ist, selbst zu recherchieren, Unternehmen auf Grenzmärkten zu besuchen und sich Informationen zu beschaffen, dem bieten die Grenzmärkte sogar noch mehr Möglichkeiten. Dass Grenzmärkte noch nicht so bekannt sind und sich (bisher) nur wenige Investoren dort engagieren, bedeutet, dass dort Chancen zu finden sind. Wer die Mühe nicht scheut, gründlich zu sondieren, um die Qualität des Managementteams zu bewerten, und dazu auch häufigere Besuche vor Ort einzuplanen, um das Unternehmen effektiv zu beurteilen, kann großartige Gelegenheiten aufspüren. Persönliche Besuche sind entscheidend, da die Inspektion von Büros und Fabriken häufig aufschlussreiche Einblicke gibt, die aus den Finanzabschlüssen nicht zu ersehen sind. Ein Treffen mit der Führungsspitze des Unternehmens oder ein Rundgang durch seine Fertigungsstätten können jede Menge Informationen liefern, die sonst unbekannt blieben. Mir ist natürlich klar, dass Privatanleger schlecht Unternehmen besuchen können. In diesem Fall sind die Geschäftsberichte und die Website des Unternehmens sowie das Internet unschätzbare Hilfsmittel. Hier finden Sie ein breites Spektrum an Informationen. Graben Sie tiefer. Begnügen Sie sich nicht mit einem Blick auf die Unternehmensfinanzen. Forschen Sie nach, was für Menschen hinter den Zahlen stehen, informieren Sie sich über die Branche und über die Wettbewerbslandschaft. Dabei können Sie viel Nützliches in Erfahrung bringen.

Sie werden feststellen, dass man neben Besuchen einzelner Unternehmen unbedingt die Augen offen halten sollte, sobald man in einer Stadt ankommt, um sich ein umfassendes Bild von Markt, Unternehmen und Menschen zu machen. Wie modern der Flughafen ist, wie effizient das öffentliche Verkehrswesen, wie voll ein Restaurant oder ein Hotel oder wie viele Touristen sich dort tummeln – solche Nebensächlichkeiten können Ihnen viel verraten über die Dynamik, die vor Ort herrscht, und über die Bereitschaft zu Modernisierung und Wettbewerb – letztlich wesentliche Triebkräfte der Aktienmärkte.

Legen Sie los. Spüren Sie den Kitzel.

Die Grenzmärkte bleiben spannend, da viele von ihnen vermutlich künftig sehr bedeutend werden und sich irgendwann zu ausgewachsenen Schwellenmärkten entwickeln dürften.

Die Grenzmärkte bleiben spannend, da viele von ihnen vermutlich künftig sehr bedeutend werden und sich irgendwann zu ausgewachsenen Schwellenmärkten entwickeln dürften. Ihr Potenzial für Wirtschaftswachstum und Entwicklung bleibt erheblich – vor allem wenn der aktuelle Trend zur Umsetzung politischer und wirtschaftlicher Reformen anhält.

Reisenotizen: Kasachstan

September 2010

Kasachstan gewinnt als Anlageziel zunehmend an Bedeutung. Es verfügt über enorme Vorkommen an Rohstoffen wie Öl, Gas, Kupfer, Uran und etlichen anderen Mineralien. Infolge der Milliarden an Dollars, die ins Land fließen, um diese Ressourcen zu erschließen, könnte Kasachstan zum Wirtschaftsmotor Zentralasiens werden. Zweck meines Besuchs war eine genauere Analyse des Bergbausektors. 2010 sind die Preise für diverse Rohstoffe, auch für Metalle wie Palladium, Platin, Kupfer, Gold und Silber, drastisch gestiegen. Das kam kasachischen Metall- und Bergbauunternehmen spürbar zugute.

Kasachstans größte Stadt Almaty offenbart wachsende Konsumorientierung und steigenden Wohlstand. In dem neuen, für die Asienspiele 2011 erbauten Stadion sah ich Skiläufer einen Abhang mit Blick auf die Stadt hinunterjagen. In einem Mega-Einkaufszentrum fand ich dieselben Läden wie in Einkaufsmeilen in aller Welt. Der allgemeine Lebensstandard ist aber noch stark verbesserungsbedürftig.

Hier ein paar Notizen zu meinem Besuch:

Bergbau: Mit meinem Team flog ich eineinhalb Stunden zur Zentrale eines Bergbaukonzerns und seinen Förderstätten. In einer der vier Minen des Unternehmens in der Region hielt ein engagierter Sicherheitstechniker einen erschöpfenden Vortrag über die Sicherheitsvorkehrungen. In Bergbauanzügen mit Sauerstoffflaschen, Masken und Helmen mit batteriebetriebenen Lampen fuhren meine Analysten und ich in einem Förderkorb 140 Meter tief ein. Mehrere Stahltüren trennten uns von einem geländegängigen dieselbetriebenen Fahrzeug, mit dem wir durch beleuchtete Stollen drei Kilometer weit zu einer Förderstelle fuhren. Nachdem wir die Mine verlassen hatten, besuchte ich mit meinem Team eine Konzentrations- und Schmelzanlage, wo das Erz zerkleinert und mit Reagenzien vermengt wird, um das Metall und andere Mineralien herauszulösen. Die Schlämme wird in runde Absetzbecken eingeleitet. Das Konzentrat schwimmt obenauf und wird abgezogen, getrocknet, zu Kathoden und dann zu Blöcken geschmolzen. Ich sah stapelweise schimmernde Blöcke mit Versandbelegen für China. Der chinesische Einfluss ist offensichtlich groß: Der Konzern finanziert sich mit Milliarden von Dollars über eine chinesische Bank und betreibt zur Erschließung eines weiteren Minenprojekts ein Joint Venture mit einem chinesischen Unternehmen.

Diese Reise ließ uns erkennen, welche Bedeutung der Bergbausektor Kasachstans hat und wie effizient die Minenbetriebe des betreffenden Unternehmens arbeiteten.

Kapitel 4

Jetzt wird's ernst

Wie Sie auf Schwellenmärkten investieren

Haben Sie sich zu einem Schwellenländer-Engagement entschlossen, stellt sich Ihnen als Nächstes die Frage nach dem Wie. Die komplexe Welt der Kapitalanlage auf Schwellenmärkten stellt lohnende Erträge in Aussicht, birgt aber auch erhebliche Risiken für den Anleger. Die Kriterien, die bei der Beurteilung der Eignung von Anlagen auf solchen Märkten anzulegen sind, richten sich jeweils nach Ihrem persönlichen Anlagestil und Ihren Zielen. Als Investmentmanager glaube ich an die Effizienz von Investmentfonds. Warum, will ich in diesem Kapitel erläutern. Der eine oder andere Anleger möchte aber vielleicht lieber selbst Aktien erwerben, weshalb ich einen Überblick über Anlageinstrumente und ihre Anwendungsmöglichkeiten anfüge.

Eine Zusammenfassung der primären Anlageinstrumente für ein Schwellenländer-Engagement könnte folgendermaßen aussehen:

- auf Schwellenländer spezialisierte Investmentfonds
- an dortigen Börsen notierte Schwellenländerunternehmen
- an Aktienmärkten von Industrieländern notierte Hinterlegungsscheine für Schwellenländeraktien
- börsennotierte Indexfonds (Exchange-Traded Funds oder kurz ETFs)

Werfen wir zunächst einen Blick auf Investmentfonds.

Schwellenländer-Investmentfonds

Auf Schwellenländer spezialisierte Fonds, wie wir sie heute kennen, kamen 1986 auf, als Capital International und die International Finance Corporation (IFC) einen Emerging-Markets-Fonds für institutionelle Investoren auflegten. 1987 war es dann auch

Privatanlegern möglich, über einen Fonds auf Schwellenmärkten zu investieren, als Templeton den an der New York Stock Exchange notierten Templeton Emerging Markets Fund, Inc. lancierte. Damals legte noch kein anderer US-amerikanischer Investmentfonds nennenswerte Teile seines Portfolios außerhalb der Vereinigten Staaten an. Heute investieren über 27.000 Investmentfonds global in internationale Wertpapiere, über 6.000 davon ausschließlich in Schwellenländer.

Fonds erleichtern den Zugang zum Kapitalanlageprozess und erfordern weit weniger tägliche Aufmerksamkeit und Recherchen.

Fonds erleichtern den Zugang zum Kapitalanlageprozess und erfordern weit weniger tägliche Aufmerksamkeit und Recherchen. Das sind handfeste Gründe für die Entscheidung für Fonds als Anlageinstrument der Wahl: Sie engagieren sich mit hohem Renditepotenzial bei verringerten Portfoliorisiken und schützen sich vor den Komplikationen des direkten Erwerbs von Aktien auf dem Markt.

Geschlossene Fonds

Ein geschlossener Fonds (in Großbritannien heißen solche Fonds Investment Trusts) funktioniert wie jedes andere börsennotierte Unternehmen. Der Fonds beschafft Kapital, indem er über einen Börsengang (IPO) eine festgelegte Anzahl von Anteilen ausgibt. Diese werden dann an der Börse notiert und frei auf dem Markt gehandelt.

In den frühen Entwicklungsstadien der Schwellenmärkte waren geschlossene Länderfonds eine beliebte Möglichkeit zur Etablierung von Schwellenländern und zur Erhöhung ihres Bekanntheitsgrads bei Anlegern in den Vereinigten Staaten, Europa und Japan. Aufgrund der geringen Liquidität von Schwellenländeraktien hielt man eine geschlossene Struktur damals für das Beste. Bei einem offen strukturierten Investmentfonds können Anleger ihr Kapital vom Fondsmanager jederzeit zurückfordern. Bei einer geschlossenen Struktur haben sie diese Möglichkeit nicht, sondern müssen ihre Anlage an andere Investoren verkaufen, wenn sie sie realisieren möchten. Das Fondsmanagement steht dabei also nicht vor dem Problem, dass viele Anleger auf einmal Rücknahmeanträge stellen können, die im Portfolio gehaltenen Aktien aber schwer abzustoßen sind. Investment Trusts oder geschlossene Fonds werden wie Stammaktien verkauft. Der Handel läuft über Makler, und es fallen übliche Provisionen an.

Natürlich bieten auch geschlossene Fonds Anlegern die Möglichkeit, sich ohne die mit einem direkten Einstieg in die dortigen Märkte verbundenen Probleme in Schwellenländern zu engagieren. Außerdem waren diese Länderfonds als geschlossene Fonds, die an einer großen Börse gehandelt wurden, liquide, und die Anleger konnten relativ problemlos in den Markt ein- und auch wieder aussteigen.

Angesichts der Bandbreite des Verhaltens einzelner Märkte kann die Wertentwicklung von Schwellenländerfonds variieren. Ein maßgebliches Problem besteht darin, dass die Entwicklung des Anteilspreises eines Schwellenmarktfonds in bestimmten Zeiten nicht dem tatsächlichen Wert des Portfolios entspricht. Der Nettoinventarwert (NIW) des Portfolios wird täglich berechnet, indem der Gesamtwert aller im Portfolio gehaltenen Unternehmen einschließlich liquider Mittel und abzüglich etwaiger Verbindlichkeiten durch die Zahl der ausgegebenen Fondsanteile dividiert wird. Doch an der Börse, an der der geschlossene Fonds notiert, kann der Kurs für einen Fondsanteil vom NIW abweichen. Er kann einen Aufschlag beinhalten oder auch einen Abschlag. Die Spanne für solche Auf- und Abschläge ist unter Umständen groß. Ein Abschlag signalisiert, dass die Anleger die Schwellenmärkte negativ beurteilen und/oder den Eindruck haben, dass der Fondsmanager den Wert des Fonds nicht steigert. Ein Aufschlag – wenn also der Anteilspreis eines Fonds höher ist als der NIW – weist darauf hin, dass die Anleger die Schwellenmärkte zuversichtlich betrachten und/oder davon ausgehen, dass der Fondsmanager bei der Steigerung des NIW des Fondsvermögens gute Arbeit leistet.

Der Käufer eines geschlossenen Fonds profitiert vor allem davon, dass die Anteile häufig mit einem attraktiven Abschlag auf ihren Nettoinventarwert gehandelt werden. Auf diese Weise kann er einen Korb von Vermögenswerten unter Marktwert erwerben. Ein wesentlicher Faktor ist daher, den prozentualen Unterschied zwischen dem Anteilspreis und dem Nettoinventarwert pro Anteil auszurechnen. Andere Faktoren, die nähere Beachtung verdienen, sind der Barbestand in Prozent des Gesamtvermögens, die geografische Verteilung der Anlagen sowie die historische Gesamtrendite, gemessen anhand der Wertentwicklung des NIW pro Anteil.

Offene Investmentfonds

Offene Investmentfonds lassen sich am leichtesten als Gegenstück zu geschlossenen Fonds beschreiben. Die beiden Fondstypen unterscheiden sich in mehrfacher Hinsicht. Der wichtigste Unterschied besteht aber in der Beziehung zwischen Kurs und NIW. Wie bereits dargelegt, beruht der NIW eines Fonds auf der Summe des gesamten Marktwerts aller Wertpapierpositionen des Fonds zuzüglich Barbestand abzüglich etwaiger Verbindlichkeiten. Bei offenen Investmentfonds (oder Unit Trusts, wie sie in Großbritannien heißen) muss das Management neuen Anlegern laufend Anteile zum aktuellen NIW zuzüglich Verkaufsgebühr und weiteren Kosten anbieten. Ebenso muss es Anteile bestehender Anteilsinhaber jederzeit zum NIW abzüglich etwaiger Kosten zurücknehmen. Bei geschlossenen Fonds muss ein Anteilsinhaber seine Anteile dagegen wie schon angesprochen auf dem Markt verkaufen, um sein Geld zu bekommen. Der maßgebliche Aspekt ist, dass die Kurse offener Investmentfonds ihrem NIW entsprechen, während der Kurs der Anteile an einem geschlossenen Fonds vom Markt bestimmt wird und in aller Regel vom NIW abweicht.

Beide Fondstypen bietet Vorteile wie insbesondere:

- Diversifizierung,
- professionelles Fondsmanagement,
- im Verhältnis zu einer Direktanlage niedrigere Kosten,
- Erleichterungen bei der Buchführung.

Bei offenen Fonds schwellen die Mittelzuflüsse auf dem Höhepunkt von Hausse-Phasen gewöhnlich an, während in Baisse-Phasen verstärkt Kapital abfließt. Das erschwert dem Fondsmanagement mitunter die Erzielung der optimalen Wertentwicklung. Ziehen die Anleger aber am selben Strang wie das Fondsmanagement und investieren mehr, wenn die Märkte gefallen sind, können offene Fonds sogar besser abschneiden als geschlossene Fonds.

Ein Vorteil, den geschlossene Fonds oder Investment Trusts Anlegern bieten, besteht darin, dass sie den Kurs, zu dem sie Anteile kaufen, genau kennen. Bei offenen Fonds erfährt der Anleger erst nach getätigtem Engagement, zu welchem Kurs er die Anteile gekauft hat, da der NIW erst am Ende des Handelstags ermittelt wird. Die Tagesdifferenzen sind beim NIW allerdings normalerweise eher gering.

An dortigen Märkten notierte Schwellenländerunternehmen

Am schwierigsten wird es für Durchschnittsanleger mit begrenzter Zeit, durch direkte Anlage in Aktien auf Schwellenmärkten zu investieren, die an Schwellenländerbörsen notieren. Solche Direktinvestitionen können aufgrund der einzigartigen Bedingungen oder Anlegerstimmungen vor Ort spektakuläre Gewinne oder Verluste mit sich bringen. Wer direkt investiert, muss viele Aspekte berücksichtigen wie Wechselkursänderungen und ihre Auswirkungen auf die Anlage und das Unternehmen, in das er investiert.

An Börsen von Industrieländern notierte Hinterlegungsscheine für Aktien von Schwellenländerunternehmen

Wer die Vorteile ausländischer Aktien nutzen will, ohne sich auf einem ausländischen Markt oder in ausländischer Währung zu engagieren, kann dies über Hinterlegungsscheine wie American Depositary Receipts (ADRs) und Global Depositary Receipts (GDRs) tun, die zu diesem Zweck konzipiert wurden.

Hinterlegungsscheine verbriefen Rechte an Aktien eines ausländischen Unternehmens, die im jeweiligen Land hinterlegt wurden und an dessen Börse gehandelt werden. American Depositary Receipts werden zum Beispiel in den Vereinigten Staaten gehandelt. Amerikanische Banken verfügen in aller Regel über eine

Depotbankfunktion in dem Land, in dem die Aktien gehandelt werden. Die Aktien liegen im Tresor der Depotbank im jeweiligen Land, und auf der Grundlage dieser Aktien werden Hinterlegungsscheine ausgegeben.

Global Depositary Receipts sind ähnliche Instrumente, werden aber an internationalen Börsen gehandelt, hauptsächlich in London und an anderen europäischen Handelsplätzen. Sie unterscheiden sich insofern von American Depositary Receipts, als sie es dem Emittenten ermöglichen, durch gleichzeitige Platzierung eines Wertpapiers auf vielen verschiedenen Märkten die globalen Kapitalmärkte anzuzapfen. Global Depositary Receipts profitieren häufig von besser koordinierten globalen Zeichnungsangeboten, einer breiteren Anlegerbasis und höherer Liquidität.

Hinterlegungsscheine bieten US-amerikanischen und europäischen Anlegern den Vorteil einer Anlage in einem Schwellenländerunternehmen über ihren heimischen Markt. Manchmal sind auch die Maklerprovisionen und andere mit dem Erwerb und Besitz von Aktien verbundenen Kosten geringer als auf Schwellenmärkten. Indem sich ein Anleger nicht direkt in Schwellenländern engagiert, meidet er erhebliche administrative und andere Komplikationen. Außerdem erfolgt auch die Vereinnahmung und Ausschüttung von Dividenden weitaus effizienter, da die Trägerbank sämtliche Dividenden vereinnahmt und dann an die Inhaber von Hinterlegungsscheinen ausschüttet, bereits in US-Dollar oder die Heimatwährung des Inhabers umgerechnet.

Ein Nachteil von Hinterlegungsscheinen ist, dass sie unter Umständen teurer sind als die Basisaktie auf ihrem heimischen Markt und manchmal auch nicht so liquide.

Börsennotierte Investmentfonds (ETFs)

Exchange-Traded Funds (ETFs) ähneln geschlossenen Fonds insofern, als sie wie Aktien an einer Börse gehandelt werden. Ein ETF hält Aktienportfolios. Sein Management versucht, den Gesamtwert der Anlagen im Verlauf eines Handelstages möglichst nah beim Nettoinventarwert zu halten. Die meisten ETFs bilden einen Index nach. Bei Schwellenländer-ETFs kann das beispielsweise der MSCI Emerging Markets Index, der S&P/IFCI Index oder ein anderer Index sein.

So vereint ein ETF die Bewertungsmerkmale eines offenen Investmentfonds mit den Handelsmerkmalen eines geschlossenen Fonds. Die ersten ETFs wurden in den Vereinigten Staaten 1998 und in Europa 1999 als Indexfonds aufgelegt. 2008 ließ die US-Börsenaufsichtsbehörde Securities and Exchange Commission die Einrichtung aktiv gemanagter ETFs zu.

ETFs sind insofern reizvoll, als sie es Anlegern ermöglichen, einen Aktienindex nachzubilden, und dabei wie geschlossene Fonds aktienähnliche Merkmale aufweisen. Auf volatilen Märkten fällt es ETF-Managern mitunter schwer, einen bestimmten Index genau nachzuvollziehen, wenn es zu sehr starken Schwankungen kommt.

Es ist nicht gewährleistet, dass ein ETF immer genau zum NIW gehandelt wird. Bei hoher Anlegernachfrage kann der Anteilspreis eines ETF über den NIW je Anteil steigen. Das gibt Spekulanten Gelegenheit, auf diese Differenz zu setzen in dem Wissen, dass der ETF-Manager NIW und Kurs wieder in Einklang bringen muss.

ETF-Manager setzen in aller Regel diverse Arbitragemethoden ein, um sicherzustellen, dass sich der Anteilspreis wie der Nettoinventarwert entwickelt. In der Regel weicht der Tagesschlusskurs um weniger als 2 Prozent vom täglichen NIW ab. Unter Umständen können die Abweichungen aber auch deutlich höher ausfallen.

Kapitel 5

Gibt es richtiges und falsches Investieren?

Anlagestile im Vergleich

Ich weiß noch genau, wie verschiedene Investmentkritiker 1999 über mich herfielen, weil ich mich weigerte, für Technologiewerte exorbitante Preise zu zahlen. Die Kurse waren nicht mehr nachvollziehbar, die Bewertungen extrem hoch und ungerechtfertigt. Erträge und Aktienkurse hatten sich eindeutig voneinander abgekoppelt. Jawohl, die von mir verwalteten Fonds gerieten kurzfristig in Rückstand. Doch langfristig zahlte sich das aus, als dieselben Technologieaktien einbrachen. Es lohnt sich, genauer hinzuschauen (oder in diesem Fall zu analysieren), bevor man sich engagiert. Ich war ehrlich gesagt nicht überrascht, als im Jahr 2000 die Blase platzte und Investoren Unternehmen abstraften, die ihre Gewinnerwartungen enttäuschten, indem sie deren Aktien abstießen. Investoren, die dem Druck und der Versuchung widerstanden, sich in diesen Zeiten des „irrationalen Überschwangs" zu engagieren, wurden dafür belohnt.

Im Lauf der Jahre wurde viel zu viel Zeit auf den Versuch verschwendet, den erfolgreichsten Anlagestil zu ermitteln. Es wurden alle möglichen Begriffe strapaziert, um die eingesetzten Strategien zu beschreiben: „technisch", „fundamental", „aktiv", „passiv", „Bottom-up", „Top-down", „Value" und „Growth". Statt diese Debatte wieder aufzuwärmen, will ich lieber meinen persönlichen Anlageansatz darlegen und erklären, warum er meiner Ansicht für jeden Aktienanleger sinnvoll ist.

„Wert" oder „Wachstum"?

Sir John Templeton hat einmal gesagt, dass sich zu viele Anleger an Prognosen und Trends orientieren. Er war der Überzeugung, dass die Konzentration auf den Wert mehr Chancen birgt, und dem stimme ich zu.

Studien belegen, dass die Börsenkurse in der Regel auf lange Sicht vom Substanzwert und vom Ertragspotenzial notierter

Aktien beeinflusst werden. Ebenso gilt, dass die Aktienkurse gewöhnlich stärker schwanken als der eigentliche Wert der Aktien.

Chancen erschließen sich durch die Konzentration auf den Wert.

Der wertorientierte Anlageansatz wurde erstmals und am besten 1934 von Benjamin Graham und David Dodd in ihrem Buch *Die Geheimnisse der Wertpapieranalyse* [dt. Übersetzung: FinanzBuch Verlag, 2008 – A.d.Ü.] definiert. In diesem Buch formulierten die beiden ein System zum Kauf von Value-Aktien, die im Verhältnis zu Faktoren wie Ertrag, Dividende oder Buchwert billig zu haben waren. Studien haben aber auch gezeigt, dass es in der Anwendung unterschiedliche Ausprägungen dieser fundamentalen Wertorientierung gibt. So wies eine Studie nach, dass die Anlage in Aktien mit niedrigem Kurs-Cashflow-Verhältnis eine bessere Strategie darstellte als der Erwerb von Aktien mit niedrigem Kurs-Buchwert-Verhältnis. Andere Untersuchungen ergaben, dass das Kurs-Gewinn-Verhältnis (KGV) die beste Determinante der künftigen Kursentwicklung abgab. Ungeachtet der im Einzelnen herangezogenen Wertkriterien sind natürlich solche Indikatoren, die Anlegern Einblick in die Ertragskraft und das Vermögen eines Unternehmens geben, die besten Instrumente zur Ermittlung von Wert.

Viele Anleger sprechen von „Value Investing", doch nur wenige wenden die Grundsätze des wertorientierten Investierens auch tatsächlich konsequent an und machen sich die Arbeit, die zum Aufspüren wahrer Werte erforderlich ist. Investoren, die diese Mühe nicht scheuen, werden dafür unweigerlich belohnt. Ein Anleger, der eine Aktie erwirbt, die unter ihrem inneren Wert gehandelt wird, erkauft sich einen gewissen Seelenfrieden. Hat er den Titel gemessen am inneren Wert günstig bekommen, und der Kurs fällt weiter, ist die Aktie lediglich ein noch interessanteres Schnäppchen als zuvor. Etliche Studien haben nachgewiesen, dass dividendenzahlende Unternehmen eine überlegene Wertentwicklung zeigen.

Umgekehrt setzen Growth-Investoren allgemein auf den Erwerb von Aktien mit überdurchschnittlichen Ertragssteigerungen und achten nicht weiter darauf, ob sie günstig zu haben sind. Generell sind Growth-Investoren eher bereit, für solche Unternehmen einen Aufschlag zu bezahlen, weil sie davon ausgehen, dass sie mit ähnlich hohen Raten weiterwachsen. Infolge ihres kräftigen Wachstums weisen die betreffenden Unternehmen in der Regel höhere Kurs-Gewinn-Verhältnisse und Kurs-Buchwert-Verhältnisse auf als Value-Aktien. Hinzu kommt, dass Wachstumsunternehmen gewöhnlich geringe oder gar keine Dividenden ausschütten, da die Gewinne ins Unternehmen investiert werden, um die Erträge weiter zu steigern. Das Hauptrisiko besteht darin, dass das erwartete Wachstum und der Gewinn ausbleiben. Denken Sie nur an 1999, als der Technologiesektor boomte und Anleger Aktien zu astronomischen Preisen kauften, ohne ihren tatsächlichen Wert zu berücksichtigen, weil sie darauf setzten, dass das hohe Wachstum künftig Wert freisetzen würde. Als diese Unternehmen die in sie gesetzten Erwartungen nicht erfüllen konnten, warfen die Anleger ihre Aktien schneller auf den Markt, als man „Technologie-Crash" sagen konnte. Das brachte im Jahr 2000 die Technologieblase zum Platzen.

In der Vergangenheit bewegten sich Growth- und Value-Anlagen oft nicht im Gleichschritt. 1999 zeigte das Growth-Segment

Stärke, und die Anleger ignorierten die Vorzüge der wertorientierten Kapitalanlage. Nach dem Technologie-Crash des Jahres 2000 verschob sich der Markt, Value Investing nahm zu und überwog. Wer eine Vorstellung davon hat, wie sich eine Anlage unter unterschiedlichen Marktbedingungen entwickeln dürfte, läuft nicht so schnell Gefahr, einen Fonds oder eine Aktie abzustoßen, weil der jeweilige Anlagestil vorübergehend unpopulär ist.

Jetzt fragen Sie sich vielleicht, welche Strategie für Sie geeignet oder besonders vernünftig ist. Für mich ist ganz klar wertorientiertes Investieren die Methode der Wahl – vor allem für Anleger, die längerfristig planen –, und zwar aus folgenden Gründen:

Die Geschichte lehrt uns in Bezug auf den Kauf von Value-Aktien, die trotz starker Fundamentaldaten zu niedrigen Bewertungen gehandelt werden, dass der Markt sie mit der Zeit als Schnäppchen erkennt, was ihnen entsprechende Erträge beschert. Wertorientierte Investoren meiden es grundsätzlich, Aktien zu Kursen zu erwerben, die sich nicht rechtfertigen lassen. Wachstumsorientierte Anleger achten in der Regel mehr auf hohe Markterwartungen und sind eher bereit, höhere und zum jeweiligen Zeitpunkt mitunter unangemessene Preise zu zahlen. (Ich sage ausdrücklich „zum jeweiligen Zeitpunkt", denn ein Kurs, der heute hoch wirkt, kann infolge hoher Ertragssteigerungen künftig ausgesprochen niedrig erscheinen.) Erfüllen sich die Erwartungen nicht, haben wertorientierte Anleger weniger zu verlieren, da ihre Aktien bereits zu niedrigen Kursen gehandelt wurden. Einem Growth-Investor bringen einbrechende Aktienkurse dagegen herbe Verluste, wie im Jahr 2000 im Technologiesektor zu beobachten war. Infolgedessen ist wachstumsorientiertes Investieren gewöhnlich mit höheren Risiken verbunden als wertorientiertes.

Ich schreibe, als gäbe es eine klare Unterscheidungsmöglichkeit zwischen Value und Growth. In Wirklichkeit müssen Sie als Anleger aber stets in die Zukunft blicken. Auch wenn Sie auf der Grundlage aktueller Erträge und Kurse auf Wert achten, müssen Sie die Zukunft im Blick behalten, denn schließlich rechnen Sie ja damit, dass sich ein werthaltiges Unternehmen zumindest so gut entwickelt wie in der Vergangenheit – und hoffentlich besser. Sie wollen keine Unternehmen kaufen, die nicht wachsen, selbst wenn sie zu aktuellen Bewertungen billig wirken.

Kurzfristig oder langfristig?

Eine weitere Frage, die mich sehr beschäftigt, ist die der Bewertung oder Messung der Erträge. Im Lauf der Jahre habe ich beständig auf einen langfristigen Anlageansatz Wert gelegt. Ich habe viele Briefe an Einzelanleger von mir verwalteter Fonds schreiben müssen, die Bedenken geäußert hatten, wenn wir uns nicht opportunistisch kurzfristig engagierten. Dass Beobachter den langfristigen Horizont vergessen oder ignorieren, wird auch in Fragen deutlich wie: „Warum haben sich die Fonds in den letzten sechs Monaten schlecht entwickelt?" Immer wieder muss ich Anleger und Kommentatoren darauf hinweisen, dass das die falsche Frage ist. Es gibt keine „schlechte" Entwicklung über sechs Monate, denn kurzfristige Rückstände sind manchmal unvermeidlich, um langfristig überdurchschnittliche Ergebnisse zu erzielen. Wer billig Aktien kauft, bekommt diese so günstig, weil sie unpopulär sind. Kurzfristig könnten sie unpopulär bleiben oder sogar noch unpopulärer werden, bis der Markt wach wird und feststellt, dass sie unterbewertet sind.

Ein Problem unserer Zeit ist, dass die Menschen dazu neigen, in immer kürzeren Zeitspannen zu denken. Eine in den 1990er-

Jahren durchgeführte Studie ergab, dass Aktien von US-Unternehmen im Schnitt zwei Jahre lang gehalten wurden. In den 1960er-Jahren waren es noch sieben Jahre. Manche Aktieninhaber wollen mit ihren Anlagen schnelle Gewinne erzielen. Dieselbe Mentalität greift daher immer mehr auch auf die Manager von Unternehmen über. Diese kurzfristige Philosophie schadet der Gesundheit des Unternehmens und des Anlegers. Wenn Unternehmen und Investoren nicht längerfristig denken, sind die Wachstumsaussichten begrenzt, und die Planung verkümmert. Eine langfristige Marktperspektive bringt solchen Investoren herausragende Ergebnisse, die bereit sind, Geduld zu bewahren und gewissenhaft und beständig solide, bewährte Prinzipien anzuwenden.

Eine langfristige Marktperspektive bringt solchen Investoren herausragende Ergebnisse, die bereit sind, Geduld zu bewahren und gewissenhaft und beständig solide, bewährte Prinzipien anzuwenden.

Unser Ansatz ist nicht auf Zeiträume von drei, sechs oder auch zwölf Monaten ausgerichtet, sondern auf mindestens fünf Jahre. In den vielen Jahren, die Templeton-Fonds auf dem Markt investieren, habe ich festgestellt, dass das Streben nach kurzfristigem Anlageerfolg die Risiken für die Anleger erhöht und de facto schlechtere Erträge bringt. Nur Investmentmanager mit langfristiger Perspektive können für Anleger das Beste herausholen.

Bottom-up oder Top-down?

Es ist seit jeher umstritten, welche die optimale Recherche-Strategie für die Verwaltung eines Schwellenländerportfolios beziehungsweise im Grunde jedes Aktienportfolios ist. Auf der einen Seite steht die Lehrmeinung der Bottom-up-Investoren, auf der anderen Seite formieren sich die Top-down-Anleger. Lassen Sie mich von vornherein klarstellen, dass ich die obskure Debatte um die Vorzüge eng definierter Anlagestrategien vielfach für wenig produktiv halte. Jeder gute Fondsmanager bezieht sämtliche verfügbaren Anlageinformationen ein, um eine fundierte Entscheidung zu treffen. Er dürfte sich kaum nach klaren Mustern richten, die lediglich griffige Definitionen darstellen.

> „Bottom-up"- und „Top-down"-Research haben beide ihre Berechtigung in der erfolgreichen Kapitalanlage.

Unsere Investment-Recherchen beginnen in der Regel mit einem „Bottom-up"-Ansatz zur Analyse einzelner Unternehmen, ungeachtet ihres Standorts und ihrer Branche. Die „Bottom-up"-Recherche richtet sich demnach auf die Details eines jeden Unternehmens: was es tut, wie rentabel es arbeitet, welche Vermögenswerte es besitzt und dergleichen. Dann kommen die „Top-down"-Informationen ins Spiel, die makroökonomischen und politischen Fakten, die den Kontext liefern für die „Bottom-up"-Erkenntnisse. Kein Unternehmen existiert im Vakuum. Die wirtschaftlichen und politischen Rahmenbedingungen des Landes oder der Länder, in denen es tätig ist, wirken sich auf die Rentabilität ebenso aus wie auf die langfristige Planung. Wir müssen uns insofern für die makroökonomischen und politischen Voraussetzungen interessieren, als diese ein günstig zu erstehendes Unternehmen beim Erreichen seiner Ziele behindern oder unterstützen können. Bottom-up-Investoren lassen sich bei der Länder- und Sektoraufteilung ihres Portfolios von der Bottom-up-Einzeltitelauswahl leiten, berücksichtigen dabei aber auch das Gesamtbild.

Ein Anleger, der sich strikt nach einem Top-down-Ansatz richten möchte, wählt zunächst die Länder aus, in denen er sich engagieren will, indem er ihr wirtschaftliches und politisches Umfeld analysiert. Vielleicht setzt er sich auch mit den Merkmalen bestimmter Branchen oder Sektoren auseinander, um die aussichtsreichsten zu ermitteln. Erst nach solchen Analysen entscheidet er sich für einzelne Aktien aus diesen Märkten und Sektoren und achtet auf den Wert sowie die Aspekte Liquidität und Marktkapitalisierung – Faktoren also, die Auswirkungen darauf haben, wie problemlos ein Manager auf einem Markt ein- und aussteigen kann. Diese Einteilung in Bottom-up- und Top-down-Anlagestil ist natürlich stark vereinfachend. Man findet kaum einen Manager, der klar einer der beiden Kategorien entspricht. Das Thema ist ausgesprochen heikel – einfach deshalb, weil ein Manager durch die Definition seines Anlagestils in eine Schublade gesteckt wird, was seine Möglichkeiten beschneidet. Sicher legen bestimmte Manager mehr Wert auf die Einzeltitelauswahl, während sich andere eher auf die geografische Struktur verlegen, doch ausnahmslos alle beziehen die makroökonomische und politische Lage ebenso in ihre Überlegungen ein wie Unterschiede zwischen einzelnen Titeln. Es ist für Manager ebenso schwer, Aspekte wie Erträge, Wachstum und Dividenden zu ignorieren, die zur Bewertung von Unternehmen gehören, wie makroökonomische Faktoren wie Wechselkurse, Zinsen, Währungen und ähnliche Themen und ihre Effekte.

Kapitel 6

Schwellenländer-Research

Warum Sie stets nach allen Seiten offen bleiben sollten

Schwellenmärkte machen mir immer wieder aufs Neue klar, wie wichtig es ist, unabhängig zu analysieren und gründlich zu prüfen, was mir Manager von Unternehmen, Makler und Analysten erzählen. Man muss sich stets bewusst machen, welchen Einflüssen und Vorurteilen das eigene Denken unterliegt und welche Auswirkungen diese haben. Am stärksten ausgeprägt sind sie dort, wo wir die meiste Zeit verbringen und uns die meisten Informationen beschaffen.

Aus diesem Grund ist es so wichtig, immer aufgeschlossen zu bleiben und Meldungen und Analysen aus aller Welt und unterschiedlichen Quellen zu lesen. Bei der Analyse aller einschlägigen Daten gilt es, ein hohes Maß an Objektivität zu wahren, damit Daten aus dem In- und Ausland, zum Unternehmen, zum Land oder zur Branche richtig gewichtet werden können.

> „Eine mündliche Zusage ist das Papier nicht wert, auf dem sie gedruckt ist."
>
> Samuel Goldwyn

Ein Schwellenmarktinvestor muss willens und in der Lage sein, sich Informationen aus sämtlichen einschlägigen Quellen zu beschaffen, vor Ort und weltweit. Anders formuliert: Man darf sich nie ganz auf lokale Informationen oder nur auf internationale verlassen.

Die vier besten Bezugsquellen für Informationen sind für Schwellenländerinvestoren:

1. die Belegschaft eines Unternehmens, in das eine Investition erwogen wird;

2. die Belegschaft seiner Konkurrenzunternehmen;
3. der geprüfte Jahresabschluss;
4. die Kunden des Unternehmens.

Die besten Informationen stammen aus erster Hand. Was Sie in einer Zeitung oder Zeitschrift lesen, kommt vermutlich schon zu spät (es sei denn, Sie wollen genau das Gegenteil von dem tun, was der Artikel nahelegt). Auf den modernen Märkten wird es immer schwieriger, wenn nicht gar unmöglich, hochwertige und wirklich unabhängige externe Ratschläge und Meinungen aufzutreiben. Die Interessen der Marktteilnehmer und Berater sind sehr verflochten und komplex und mitunter korrumpiert. Wir müssen infrage stellen, ob Analysen von Investmentbanken wirklich unabhängig sind, denn in der Vergangenheit hat sich oft gezeigt, dass die Recherchen dieser Institute eben nicht gänzlich von ihren Handelsinteressen und Beratungsmandaten losgelöst sind. Die vielen Skandale, die im Verlauf der jüngsten Finanzkrise ans Licht gekommen sind, belegen das erneut.

Marktinformationen sind mit großer Vorsicht zu genießen und ersetzen nicht eigene sorgfältige Recherchen und Analysen komplexer Situationen. Hochglanzberichte sind skeptisch zu bewerten, und allein schon der Umstand, dass allgemein so eine starke Tendenz zu Empfehlungen wie „Kauf" oder „starker Kauf" besteht, sollte bei gewissenhaften Investoren die Alarmglocken läuten lassen. Hinzu kommt: Wenn der Makler seine Hochglanzbroschüren an Hunderte von Anlegern verteilt, sind die Chancen gering, dass das Unternehmen immer noch ein Schnäppchen ist, wenn Sie darüber lesen. Deshalb können solche Analysen höchstens als Hintergrundinformationen herangezogen werden.

Aus dem gleichen Grund ist es nicht klug, Finanzdaten wie Kennzahlen aus externen Quellen kritiklos zur Kenntnis zu nehmen, da Daten mit speziellen Methoden oder durch bestimmte Anpassungen erheblich verzerrt werden können. Jedes Land hat eigene Vorgehensweisen und Definitionen und setzt gewohnheitsmäßig unterschiedliche Berechnungsmethoden ein. Also ist auch bei Vergleichen Vorsicht geboten.

Die Lektüre von Fachblättern und Gespräche mit Maklern können nützlich sein, doch mehr Zeit verwendet man am besten auf engere Kontakte zu den Vertretern eines Unternehmens und zu seinen Mitbewerbern. Primäre Informationsquelle sollte stets der geprüfte Jahresabschluss des Unternehmens sein. Wenn Sie eine besonders aufschlussreiche unabhängige und verlässliche Informationsquelle auftun, nutzen Sie sie – aber vergewissern Sie sich, dass sie auch wirklich zuverlässig ist.

Daten von Beratern und Analysten vor Ort im Anlageland sind ebenfalls nützlich, können aber voreingenommen sein. Da immer mehr Investoren auf den Schwellenmärkten aktiv sind und immer mehr Kapital in diese fließt, lassen sich durch vor Ort beschaffte Informationen vielleicht noch unentdeckte Juwelen aufspüren.

Die Erfahrung hat mich gelehrt, dass es nicht reicht, sich ganz auf einen Analysten oder Berater vor Ort zu verlassen. Kluge Portfolioentscheidungen zeichnen sich durch zwei wesentliche Perspektiven aus: erstens durch die globale Perspektive und Erfahrung, die man aus der Kapitalanlage in vielen Ländern gewinnt, und zweitens durch genaues Detailwissen, insbesondere über Einzelunternehmen, das nur durch Präsenz vor Ort zu beschaffen ist.

Diese beiden Aspekte müssen integriert werden, indem lokale und länderspezifische Informationen gesammelt, ausgewertet und globalen Daten gegenübergestellt werden. Dieser Analyseprozess führt zu viel effektiveren Ergebnissen als Analysen, die sich überwiegend auf die eine oder die andere Informationsquelle stützen. Vor Ort gewonnene Informationen liefern beispielsweise Einblicke in den wahren Erfolg eines Unternehmens, gemessen an ähnlichen Unternehmen am gleichen Standort, die unter denselben wirtschaftlichen Rahmenbedingungen tätig sind. Globale Informationen lassen Sie erkennen, welche internationalen konjunkturellen oder politischen Einflüsse an Kraft gewinnen und das lokale Wirtschaftsklima verändern können. Am Ende stehen aussagekräftigere Erkenntnisse, die langfristig zwangsläufig weit höhere Anlageerträge bringen.

In allen Lebenslagen

Als Alternative zu offiziellen Informationsquellen unterhalte ich mich bei Besuchen von Ländern, in denen ich investiere, gern mit der arbeitenden Bevölkerung – mit den Menschen, die tatsächlich in der dortigen Wirtschaft tätig sind. Solche Menschen erzählen mir, wie sie leben und wie sich die wirtschaftlichen Rahmenbedingungen auf sie auswirken. So habe ich zum Beispiel bei einer Brasilienreise 1995 eine gedrückte Stimmung im Land wahrgenommen, die vom Konjunkturabschwung herrührte. Die Inflation war zwar erheblich zurückgegangen, doch auch die Wirtschaft wuchs langsamer. Infolgedessen strahlten die Unternehmenschefs, mit denen ich zusammentraf, keine große Zuversicht aus. Aus ihrem Blickwinkel allein hätte ich für das Land eine eher pessimistische Wirtschaftsprognose gestellt.

Doch Gespräche mit Menschen auf der Straße veränderten das Bild für mich. So sagte eine Frau: „Zum ersten Mal seit vielen Jahren weiß ich, wie viel Geld ich am Monatsende verdiene. Früher, mit Inflationsraten von 2.000 Prozent pro Jahr, wusste ich wegen des Indexierungssystems für Löhne und Gehälter nie, wie viel ich Ende des Monats ausgezahlt bekommen würde. Ich musste immer schnell zur Bank laufen, Schlange stehen, um den Scheck einzulösen, und dann im Supermarkt rasch alles kaufen, was ich bekommen konnte. Jetzt ist die Inflation auf 8 Prozent gefallen, und ich kann planen. Ich weiß, wie viel Geld ich bekomme und was ich dafür kaufen kann. Natürlich ist alles teuer, und ich muss mir gut überlegen, wofür ich mein Geld ausgebe. Aber ich finde es so viel besser." Aus solchen Äußerungen bezog ich genauere Erwartungen zum künftigen Verbraucherverhalten und Konsum als aus Gesprächen mit Wirtschaftslenkern.

Doch man sollte sich nicht nur auf Auskünfte vieler Menschen in unterschiedlichen Lebenslagen stützen, sondern unbedingt auch die eigenen Geschäftspartner als Resonanzboden und Informationsquelle einbeziehen.

Ein wesentliches Element der Kapitalanlage auf Schwellenmärkten ist die Notwendigkeit, eine gründliche historische Analyse der Unternehmen durchzuführen. Solche historischen Informationen erfordern profunde Recherchen über die Bilanz, die Gewinn- und Verlustrechnung und andere Finanzdaten des Unternehmens, die mindestens fünf Jahre zurückreichen müssen. Dabei sollte besonderes Augenmerk auf das Ertragssteigerungspotenzial und die Stabilität der Gewinnsteigerungen gelegt werden. Normalerweise gilt: Je weiter die Analyse zurückgeht, desto besser.

Die engere Auswahl

Es stehen zigtausende von Schwellenländerunternehmen für die Anlage zur Verfügung. Um diese Zahl auf eine verkraftbare Auswahl herunterzubrechen, können Sie wichtige Finanzdaten und Kennzahlen wie Marktkapitalisierung und Umsatz sowie Kurs-

Gewinn-Verhältnis, Kurs-Buchwert-Verhältnis oder Verschuldungsgrad heranziehen.

Faktoren, auf die Sie bei der Analyse unter anderem achten sollten, sind eine solide Bilanz, eine hohe Kapitalrentabilität, ordentliche Umsatzsteigerungen und ansprechende Gewinnmargen. Damit Sie solche Analysen durchführen können, benötigen Sie natürlich zuverlässigen und zeitnahen Zugang zu geprüften Jahresabschlüssen, was problematisch werden kann, weil jedes Land unterschiedliche Rechnungslegungsstandards anwendet. Bedenken Sie: Unsachgemäß oder falsch präsentiertes Material kann den Ausschlag dafür geben, ob Sie eine Aktie kaufen oder meiden.

Achten Sie unbedingt auf die Feinheiten. Henry Ford hat einmal gesagt: „Eine Handvoll Männer ist steinreich geworden, weil sie auf Details achteten, die die meisten anderen ignoriert haben." Ausgangspunkt für die genauere Untersuchung eines Schwellenländerunternehmens ist grundsätzlich der geprüfte Jahresabschluss. Er stellt die erste Informationsquelle dar, die einem Anleger über ein bestimmtes Unternehmen zur Verfügung steht. Seine Aussagen sollen ein unvoreingenommenes Bild von der Gesundheit und dem Geschäft des Unternehmens vermitteln.

Einer der entscheidenden Faktoren bei der Bewertung eines Unternehmens, ob Telekomgesellschaft, Versorgungsbetrieb, Industriekonzern oder was auch immer, ist die Qualität des Managements. Ich achte daher, wenig überraschend, zunächst auf Anzeichen für fragwürdige Transaktionen oder moralisches Fehlverhalten. Finde oder erfahre ich auch nur den leisesten Hauch von Ungebührlichkeit, dann war es das. Das Unternehmen kommt für mich als Anlageobjekt nicht mehr infrage. In der Regel wissen die Einheimischen über Gerüchte Bescheid und können Ihnen Einblicke in Verhaltensweisen geben, die aus Rechercheberichten oder anderen Veröffentlichungen nicht hervorgehen. Weil Mitglieder unseres Teams auf den meisten Märkten präsent sind, auf denen wir investieren, erfahren wir viel über die lokale Dynamik, Gerüchte, Skandale und verdächtige Entwicklungen. Erkundigen Sie sich stets zuerst nach der Integrität und Ehrlichkeit des Managements. (Ich habe das auf schmerzhafte Weise lernen müssen.)

Erkundigen Sie sich stets zuerst nach der Integrität und Ehrlichkeit des Managements.

An zweiter Stelle meiner persönlichen Checkliste stehen Kompetenz und Kreativität des Managements. Der Unternehmensführung fühlt man, wie schon gesagt, am besten auf den Zahn, indem man persönliche Kontakte zu den Managern herstellt. Geht das nicht, sind Geschäftsbericht, Unternehmens-Website und Internet-Recherchen zweite Wahl. Im Internet ist eine Fülle von Informationen frei zugänglich. Mit konkreten Fragen zum Geschäftsbericht können Sie sich auch an den Ansprechpartner des Unternehmens in der Investor-Relations-Abteilung wenden.

Durch häufige Besuche kann ich mir persönlich eine Vorstellung davon verschaffen, wohin sich ein Unternehmen entwickelt und wie es sich um Anlagen und Belegschaft kümmert. Das Erscheinungsbild der Belegschaft, des operativen Umfelds und des physischen Standorts sagt viel aus über den Erfolg und die Prioritäten eines Unternehmens. Persönliche Kontakte zu Unternehmensvertretern vermitteln auch ein tieferes Verständnis für das

Unternehmen und eröffnen zusätzliche Informationsquellen zum Jahresbericht.

Kaufen oder verkaufen?

Es ist unsere bewährte Strategie, Wertpapiere von Unternehmen zu ermitteln, die im Verhältnis zu deren langfristigem Wert günstig zu haben sind. Außerdem bewerten wir, wie ein Unternehmen in seiner lokalen, regionalen und branchenweiten Vergleichsgruppe abschneidet. Wir analysieren quantitative und qualitative Faktoren, die Wertentwicklung über die vergangenen fünf Jahre (oder so viele Jahre wie möglich) und Projektionen für die nächsten fünf Jahre. Daran schließt sich in der Regel ein Besuch des Unternehmens an. Läuft alles glatt und der Kurs liegt unter dem nach unserer Ansicht angemessenen Wert, kaufen wir die Aktie für die von uns verwalteten Fonds ein.

Eine Aktie wird nur dann in einen von mir gemanagten Fonds aufgenommen, wenn sie mindestens zwei der folgenden vier Voraussetzungen erfüllt:

1. Sie muss in Relation zur ihrer Kurshistorie, zu anderen Aktien des eigenen Marktes oder zu ihren weltweiten Mitbewerbern billig sein.
2. Sie muss gute Wachstumsaussichten bieten. Die Wachstumsrate muss über der für die nächsten fünf Jahre prognostizierten Inflationsrate liegen.
3. Sie muss im Verhältnis zu ihrem Nettoanlagevermögen billig sein.
4. Sie muss durch die Ausschüttung von Dividenden die Belange von Minderheitsaktionären berücksichtigen.

Wer viel künftige Ertragskraft zu einem niedrigen Preis einkauft, hat gut investiert. Allerdings muss er seine Einschätzungen durch häufige Überprüfung unbedingt immer wieder auf den neuesten Stand bringen.

Steigt der Kurs einer bestimmten Aktie unvertretbar über den inneren Wert, kann diese abgestoßen werden, wenn sich eine billigere findet. Umgekehrt gilt: Fällt der Kurs unangemessen stark unter den inneren Wert, kann die betreffende Aktie auf die Liste der Kaufkandidaten gesetzt werden. Ein Kollege hat diesen Prozess einmal meiner Ansicht nach sehr treffend mit einer Leiter verglichen. Wenn ein Titel die oberste Stufe erreicht, kippt er herunter, und es rückt ein anderer auf die unterste Stufe nach.

Wie ermittelt man Wert?

Die Bewertung ist eine komplexe Angelegenheit und unterliegt zahllosen Unwägbarkeiten. Zu diesen Faktoren gehören die Fähigkeit des Managements, Wachstumstrends, staatliche Lenkung, die Vermögenswerte je Aktie, der durchschnittliche frühere Aktienkurs, Dividenden, die aktuellen Gewinne, die durchschnittlichen Erträge der Vorjahre und Schätzungen künftiger Erträge.

Am stärksten strapaziert wird Ihre analytische Kompetenz bei der Bewertung von Schwellenländerunternehmen aber nicht nur durch die unterschiedlichen Rechnungslegungsstandards, die in den einzelnen Ländern gelten, sondern auch durch die unterschiedlichen Steuersysteme, die sich auf die Anwendung dieser Rechnungslegungsstandards auswirken und folglich auch auf die Behandlung von Bilanzposten. Sie müssen deshalb unbedingt sicherstellen, dass Sie wissen, welche Methodik die Unternehmensführung und die Buchhalter der Gesellschaft einsetzen.

Hinzu kommt, dass Bilanzierungs- und Steuerrichtlinien keineswegs statisch sind, sodass man ständig mit Änderungen rechnen muss.

Nach jahrzehntelanger Erfahrung mit der Anlage in Unternehmen aus Schwellenländern habe ich nicht nur gelernt, Gewinn- und Verlustrechnungen (GuV) und Bilanzen zu analysieren, sondern mich auch mit Fragen wie Marktanteilen oder technischen Verbesserungen auseinanderzusetzen. Mit Abstand die wichtigste Einzelüberlegung bei der Beurteilung, ob ein Unternehmen auf dem Markt über- oder unterbewertet ist, betrifft aber seine Fähigkeit, Ertragssteigerungen zu erzielen. Ertragswachstum stellt sich leichter ein, wenn die Vermögenswerte, die die Produkte oder Dienstleistungen erzeugen, unterbewertet sind und von fähigen Köpfen gemanagt werden. Was kaufen Sie wirklich, wenn Sie die Aktie eines Unternehmens erwerben? Natürlich kaufen Sie alle möglichen immateriellen Werte wie ideellen Firmenwert, Managementkompetenz, einen Markennamen und so weiter. Doch letztlich erstehen Sie in Wirklichkeit harte Vermögenswerte. Vermögenswerte, die freilich nicht immer gegenständlich sein müssen. Es kann sich dabei auch um Forderungen handeln – um Geld, das der Gesellschaft geschuldet wird. Doch wie diese Vermögenswerte auch aussehen, man muss sie kennen, denn so lässt sich am leichtesten der angemessene Wert einer Aktie ermitteln: Man zieht den Wert all dieser Vermögenswerte heran und teilt ihn durch die Anzahl der ausgegebenen Aktien. In Kombination mit einem fähigen Managementteam kann sich daraus ein gewinnbringendes Unternehmen ergeben.

> Wenn der Nettoinventarwert (NIW), geteilt durch
> die Anzahl der Aktien, einen höheren Dollarbetrag ergibt
> als den Aktienkurs und wenn das Unternehmen dabei
> kompetent geführt wird, dann ist eine Aktie als unterbewertet anzusehen.

Bei der Ermittlung des NIW eines Unternehmens schauen wir uns zuerst an, von welcher Kanzlei die Zahlen, mit denen wir arbeiten, für die Gesellschaft errechnet wurden. Die Abschlüsse nutzen wir für Extrapolationen zu diesen Vermögenswerten im Vergleich zu anderen Unternehmen weltweit.

Außerdem ist zu berücksichtigen, dass unterschiedliche Maßstäbe bei manchen Unternehmen mehr ausmachen als bei anderen. In den meisten Fällen ist die wichtigste Messlatte, wie hoch der Kurs in Relation zum Gewinn ist. Dabei kommt es natürlich mehr auf das Verhältnis des Kurses zu dem für die Zukunft erwarteten Ertrag an als zum aktuellen. Bei der Analyse von Telekomunternehmen ziehen wir beispielsweise Faktoren wie die Einnahmen pro Anschluss oder pro Kunde heran, um zu beurteilen, wie effizient das System insgesamt ist. Im Bankensektor wären Kreditausfälle ein maßgeblicher Indikator, während für Versicherungsunternehmen das Verhältnis vom Kurs zu den Nettoprämien ein vielsagender Vergleichsaspekt ist.

Bei der Analyse von Abschlüssen sind die folgenden Punkte zu beachten:

- In Produktions- und Vertriebsunternehmen ist auf Lagerbestände, Forderungen und Auftragsbestand zu achten.

Sie geben die deutlichsten Hinweise auf Probleme und haben sehr viel mehr Einfluss auf die Aktienrenditen als die ausgewiesenen Gewinne.
- Trends bei Gewinnmargen sind ebenfalls von Bedeutung.
- Es gibt viele Methoden zur Beurteilung von Unternehmensabschlüssen. Zu den gängigsten gehört die Kennziffernanalyse, nach der verschiedene Elemente des Abschlusses verglichen werden. Zur Bewertung eines Unternehmens werden Kennzahlen wie Kurs-Gewinn-Verhältnis, Dividendenrendite, Eigenkapitalrentabilität und Kurs-Buchwert-Verhältnis herangezogen. Zur Einschätzung der Rentabilität werden Werte wie Gewinnmargen, Eigenkapitalrentabilität und Gesamtkapitalrendite berücksichtigt. Für die Beurteilung der Solidität oder Bilanzstärke können Kennziffern wie Verschuldungsgrad und Liquidität dritten Grades ausschlaggebend sein.

Unter dem Strich sind all diese Informationen aussagekräftig. Keine dieser Zahlen sollte ignoriert werden, doch es sollte auch keine als ausschließliche Grundlage für Anlageentscheidungen dienen. Ob Sie Ihre Informationen über ein Unternehmen aus lokalen oder globalen Quellen beziehen und ganz gleich, woher sie stammen – von Maklern, Medien, Managern, Menschen auf der Straße oder Geschäftspartnern –, Sie sollten sie stets vollumfänglich berücksichtigen und dann möglichst fundierte Entscheidungen treffen. Erst wenn uns all diese Unternehmensinformationen vorliegen, kommen wieder makroökonomische Faktoren ins Spiel, um festzustellen, ob sie den Unternehmenszielen zuträglich sind. Wenn ja, heißt es *kaufen*!

Reisenotizen: Tschechische Republik

November 2011

2011 wurden Osteuropa und Russland von den Analysten mehr oder minder stark vernachlässigt, weil aller Augen auf den Schuldenproblemen der sogenannten „PIIGS"-Länder (Portugal, Italien, Irland, Griechenland und Spanien) in Westeuropa ruhten. Natürlich haben auch diverse Staaten in Osteuropa in der Vergangenheit Schuldenkrisen erlebt. So hatten etwa fünf Jahre zuvor ungarische Banken den Fehler gemacht, Hypothekendarlehen in Schweizer Franken und japanischen Yen zu vergeben, weil die für diese Währungen geltenden Zinsen so viel niedriger waren als für den ungarischen Forint. Für die Kunden dieser Banken waren sie deshalb attraktiv.

Doch als der Schweizer Franken dann von Juli 2008 bis November 2011 gegenüber dem ungarischen Forint von 141 auf 253 stieg – um ganze 79 Prozent –, wurde das vielen ungarischen Hypothekenschuldnern zum Verhängnis.

Bei meinen Gesprächen in Prag stellte ich allerdings fest, dass die Unternehmen, die ich mit meinem Team besuchte, von den Problemen in anderen Teilen Europas kaum in Mitleidenschaft gezogen wurden. Wir besuchten Unternehmen aus den folgenden Branchen:

Banken: Die Prager Banken agierten in einer gesunden Wirtschaft und machten einen soliden Eindruck. Die Bilanz eines Instituts, das ich besuchte, sagte mir zu, und ich hörte erfreut, dass Dividendenausschüttungen in Betracht gezogen wurden. Mit Problemen wurde jedoch in Bezug auf die Eurozone gerechnet, da sie für Tschechien so ein wichtiges Exportziel ist, und auch durch die Erhöhung der Mehrwertsteuer.

Stromversorgung: Mit erheblicher Produktionskapazität in Atom- und Kohlekraftwerken gehörte der größte tschechische Stromanbieter zu den rentabelsten seiner Branche in der Region. Der Erzeuger vermochte auch den liberalisierten europäischen Binnenmarkt zu nutzen, der den uneingeschränkten Export und Import von Strom in und aus Nachbarländern ermöglichte – allen voran Deutschland. So konnten die Preise in der Tschechischen Republik auf das von westeuropäischen Mitbewerbern geforderte Niveau steigen, was dem tschechischen Produzenten zugute kam.

Glücksspiel: Ein interessantes Gespräch führten wir mit einem führenden Anbieter von Wetten mit festen Quoten, der ein ausgedehntes Filialnetz in Zentral- und Osteuropa unterhielt. Das Management hielt Glücksspiel für eine rezessionsfeste Branche, da Menschen auch in Krisenzeiten spielten – wie sie tranken und rauchten, vermutlich. Außerdem bekundete das Unternehmen Interesse an Übernahmen, möglicherweise in Griechenland.

Alles in allem gelangte ich auf dieser Reise zu dem Schluss, dass die Dinge in manchen Prager Unternehmen trotz all der düsteren Nachrichten über Europa einigermaßen normal liefen.

Kapitel 7

Risiko gehört dazu

Und Sie müssen es nicht fürchten

Die Modern Portfolio Theory definiert „Risiko" ganz anders, als es unserer gängigen Vorstellung entspricht. Danach ist Risiko Volatilität, errechnet durch die Varianz (gemessen durch den Korrelationskoeffizienten) des vergangenen Ertrags eines Portfolios. Infolgedessen kann ein Portfolio, das einem Anleger herausragende Erträge beschert, ein „Hochrisikoprofil" aufweisen, wenn die Erträge über Jahre hinweg starken Schwankungen unterliegen. Anlagen auf Schwellenmärkten sind nichts für zarte Gemüter. Doch das sind Investments in Industrieländern auch nicht, wie uns die US-Subprime-Krise wieder einmal vor Augen geführt hat.

Kein Fortschritt ohne Risiko, denn Fortschritt erfolgt durch den Vorstoß ins Unbekannte oder Unerwartete und beinhaltet ein gewisses Fehlerpotenzial. Voraussetzung für Fortschritt ist Anpassung und Diversifizierung, damit ein Einzelfehler nicht das gesamte Portfolio auslöscht.

Wenn wir aus den letzten Jahren irgend etwas gelernt haben, dann, dass Schwellenmärkte im traditionellen Sinn nicht mehr so riskant sind wie noch vor 10 oder 20 Jahren. Wenn überhaupt, lässt sich über die reiferen Schwellenmärkte vielleicht sogar sagen, dass sie sicherer sind als die sogenannten Industrieländer, weil ihre Wachstumsaussichten so viel besser sind. Das erscheint zumindest klar, wenn man große Schwellenmärkte wie China und Brasilien mit Industrieländern wie Italien und Spanien vergleicht. Doch Risiko im Sinne von Volatilität besteht immer. Aufgrund des Hochgeschwindigkeitshandels, der Derivate und der effizienteren globalen Handelsnetze hat diese Volatilität sogar zugenommen

– nicht nur auf den Schwellenmärkten, sondern auch in Industrieländern.

Eine Lösung zur Minimierung der Portfoliovolatilität und damit der Risiken (also zur Erzielung möglichst konstanter Erträge) ist die Anlage in Ländern mit Märkten, die untereinander nur schwach korrelieren – also geringe wechselseitige Abhängigkeiten aufweisen. Investieren Sie in Aktien von Ländern mit niedrigen Korrelationskoeffizienten, vermindert sich die Volatilität eines globalen Portfolios und im Zuge dessen auch das Risiko, dem Ihre Anlagen ausgesetzt sind.

Natürlich lässt sich das gesamte Spektrum der mit Anlagen in Schwellenländern verbundenen Risiken durch die Definition von Risiko als Volatilität und durch die verhältnismäßig einfache Lösung der Verringerung von Volatilität durch Diversifizierung nicht erschöpfend erklären.

Das Gesamtbild

Im Lauf der Jahre sind mir die maßgeblichen Risiken, denen Investoren auf Schwellenmärkten ausgesetzt sind, nur allzu vertraut geworden. Dazu gehören ohne bestimmte Reihenfolge:

- *Politisches Risiko:* Die Möglichkeit, dass Revolutionen oder politische Unruhen in einem Land erheblichen Einfluss auf den Wert einer Anlage ausüben.
- *Währungsrisiko:* Die Effekte von Schwankungen einer Landeswährung auf eine Anlage.
- *Unternehmensrisiko:* Alle aus dem Engagement in einem bestimmten Unternehmen entstehenden Risiken wie Informationsdefizite, Führungswechsel oder Veränderung der Eigentumsverhältnisse, Änderungen am Zustand des

Unternehmens, eine Rezession in einem bestimmten Wirtschaftssektor oder eine plötzliche preisbedingte Panik.

- *Maklerrisiko:* Die Gefahr, dass skrupellose oder unredliche Makler aus Kundenaufträgen Kapital schlagen, indem sie sogenanntes „Front Running" betreiben – also vor ihren Kunden kaufen oder verkaufen, um Kursdifferenzen zu nutzen.
- *Abwicklungsrisiko:* Probleme bei der Abrechnung von Transaktionen sowie beim Erhalt, der Eintragung oder Bezahlung von Wertpapieren.
- *Depotbankrisiko:* Die Abhängigkeit von Verwahrstellen vor Ort (gemeinhin Depotbanken genannt), die für Aktien von Kunden unter Umständen nicht die nötige Sicherheit bieten.
- *Operationelles Risiko:* Risiken, die aus unzulänglichen Rechnungsprüfungs- und Bilanzierungsstandards entstehen.
- *Marktrisiko:* Gefahren durch extreme Schwankungen von Marktwerten und mangelnde Liquidität.

Damit habe ich alle maßgeblichen Risiken genannt, die mir einfallen. Warum, so fragen Sie sich vielleicht nach der Lektüre dieser Liste, sollte man sich überhaupt in solch chaotische, gefährliche, befremdliche Situationen begeben? Weil dieselben Risiken auf allen Märkten vorliegen, in Schwellen- ebenso wie in Industrieländern, und weil eine internationale Streuung die Auswirkungen solcher Risiken reduziert.

Wer künftig finanziell einen richtig großen Wurf landen will, der muss nicht nur darauf achten, was im eigenen Land passiert, sondern das globale Geschehen im Blick behalten. 2011 entfielen nach Angaben des Börsenverbands World Federation of Exchanges 30 Prozent der globalen Marktkapitalisierung auf Unternehmen aus Schwellenmärkten. Daher sollten auch die vorsichtigsten Anleger im Streben nach Streuung und Aufteilung ihrer Anlagen darüber nachdenken, ein Drittel ihres Gesamtportfolios in Schwellenländern anzulegen, ob in Einzelwerte oder in einen der in zunehmender Zahl angebotenen Schwellenländer-Investmentfonds.

Wie ich angesprochen habe, bekräftigt auch die Performance der Aktienmärkte von Schwellenländern in der Vergangenheit die Auffassung, dass Schwellenmärkte bessere Renditen bringen als Industrieländer.

Vor einer Entscheidung für die Anlage in einer Region, einem Land oder einem Unternehmen sind aber alle möglichen Risiken zu berücksichtigen. Zu allererst ist diesbezüglich die Marktliquidität zu untersuchen, die darüber entscheidet, ob der Anleger eine Aktie rasch und effizient kaufen und verkaufen kann. Umsatzschwache Märkte oder Aktien schränken die Möglichkeiten zum Kauf oder Verkauf ein. Das ist ein Nachteil. Doch auf illiquiden Märkten kann der „Spread", also der Unterschied zwischen Kauf- und Verkaufskurs, hoch sein und so Möglichkeiten eröffnen, Aktien zu Schnäppchenpreise zu erwerben. Daher kann die Anlage in einen Markt mit geringer Liquidität und Aktivität phänomenale Erträge bringen, weil schon der Erwerb einiger weniger Aktien durch eine geringe Zahl von Investoren die Kurse dieser Aktien enorm in die Höhe treiben kann. Umgekehrt kann natürlich ein reger Abverkauf auf einem illiquiden Markt zu einem drastischen Kursrutsch führen.

Der Journalist Christopher Fildes hat gesagt: „Ein Schwellenmarkt ist ein Markt, aus dem man im Notfall nicht mehr herauskommt!" („An emerging market is a market from which you cannot emerge in an emergency!") Für illiquide Märkte trifft das zu.

Dennoch sollten Sie solche Märkte nicht ignorieren, da sie herausragende Anlagemöglichkeiten bieten können. Wenn uns die letzten Jahre irgendetwas gelehrt haben, dann, dass Industrieländer ebenso volatil sein können wie Schwellenmärkte. In Krisenzeiten sind auf manchen Märkten Schwankungen um 5 Prozent innerhalb eines Tages nicht ungewöhnlich. Aber glauben Sie nicht, dass Sie mit US-Papieren unter allen Umständen besser bedient sind: Auch der dortige Aktienmarkt verzeichnete entsprechende Bewegungen, wie sich in der Subprime-Krise offenbarte.

Wie können Sie vermeiden, von solchen Risiken in Mitleidenschaft gezogen zu werden?

Sich absichern

Werfen wir einen zweiten Blick auf die Weltkarte. Wenn Sie dieser ein transparentes Blatt auflegen würden, auf dem die Markttiefs und -hochs über längere Zeit verzeichnet sind, erkennen Sie, dass sich die Schwellenmärkte mit wenigen Ausnahmen immer noch klar durch regionale Grenzen definieren.

In einer Zeit, in der Flugreisen und elektronischer Handel eine immer globalere Wirtschaft prägen, überrascht die Stärke solcher lokalen und regionalen Grenzlinien. Offenbar sind die Volkswirtschaften einer Region in weniger industrialisierten und schwächer vernetzten Teilen der Welt durch immer fortschrittlichere Kommunikations- und Verkehrsverbindungen miteinander verflochten.

Das gilt auf Gedeih und Verderb. Als 1994 der mexikanische Peso in die Krise geriet, litt die gesamte lateinamerikanische Region unter einem Phänomen, das das globale Investorenpublikum bald als Tequila-Effekt bezeichnete. Als internationale Devisenhändler Schwäche in den Ländern der Association of South East

Asian Nations (ASEAN) witterten – insbesondere in Indonesien, Malaysia und Thailand –, wurde der Welleneffekt, der die ganze Region überrollte, als Asienkrise oder asiatische Finanzgrippe betitelt.

In beiden Regionen entzogen sich bestimmte Länder dem schlimmsten Gemetzel (in Asien Hongkong, in Lateinamerika Chile). Doch globale Anleger sollten bei der Aufteilung der ihnen zur Verfügung stehenden Mittel stets zuerst die Effekte regionaler Entwicklungen in ihre Überlegungen einbeziehen und diese Informationen in ihre Analysen und Rechnungen einfließen lassen.

Dabei gilt jedoch, dass diese regionalen Muster, bei denen sich alle Länder einer Region gleichzeitig in dieselbe Richtung entwickeln, befristet sind und jedes Land – jedes Unternehmen – nach der Krise wieder seine eigenen Verhaltensweisen und Kursbewegungen annimmt, die unter Umständen nur schwach korrelieren.

Was sollten Sie unternehmen, wenn es zu einer Marktkrise kommt, die allem Anschein nach alle Aktienmärkte betrifft?

Ruhig bleiben. Nerven bewahren. Keine Sorgen machen.

Wenn Sie Ihre Hausaufgaben gemacht und einen richtig gemanagten Investmentfonds ausgewählt oder ein breit gestreutes Portfolio aus unterbewerteten Aktien zusammengestellt haben, lautet die Devise: „Ruhig bleiben. Nerven bewahren. Keine Sorgen machen." Solange die fundamentalen Voraussetzungen stimmen, werden sich die Unternehmen wieder erholen – und gewöhnlich besser dastehen als zuvor. Bitte vergessen Sie nicht: Ihr bester Schutz ist die Diversifizierung. Und Geduld zahlt sich immer aus.

Erzählt mir jemand, er möchte in weniger als einem Jahr auf den Schwellenmärkten reich werden, rate ich ihm, sein Geld anderswo anzulegen. Durch die Schwankungen der Aktienmärkte ist es schwierig, den richtigen Ein- oder Ausstiegszeitpunkt zu erwischen, und schlechtes Timing kann empfindlich teuer werden. Auf Dauer kann man das Spiel nur gewinnen, wenn man langfristig plant und gegebenenfalls gegenläufig agiert.

Beim Blick auf die Bilanz eines Unternehmens sind wir vielleicht bereit, ein hohes KGV in Kauf zu nehmen, wenn wir zu der Ansicht kommen, dass das Unternehmen das nötige Wachstumspotenzial aufweist, um Werte zu erzielen, die in fünf Jahren günstig wirken werden.

Die wichtigste Lektion, die ich gelernt habe, ist, dass sich langfristige Planung lohnt – aus einem erstaunlich einfach Grund: Sämtliche Märkte sind im Grunde zyklisch. Wie Menschen – aus deren zusammengeführten Entscheidungen sie schließlich bestehen – neigen auch Märkte zu längeren Schüben irrationaler Angst und Panik und gleichermaßen irrationalem Überschwang.

Die wichtigste Lektion, die ich gelernt habe, ist, dass sich langfristige Planung lohnt.

Wie Heranwachsende lassen wir uns mitunter leicht mitreißen. Doch – und das kann ich gar nicht oft genug wiederholen – als Anleger gewinnen Sie, wenn Sie es verstehen, diese wilden Stimmungsschwankungen zu reiten wie ein Surfer eine Welle. Ein vollkommen rationaler Markt würde sich schließlich kaum bewegen.

Der ideale Kaufzeitpunkt sind Zeiten, in denen der Pessimismus am größten ist, der ideale Verkaufszeitpunkt Phasen des höchsten Optimismus. Das widerspricht der Intuition? Stimmt, und deshalb erfordert es die ganz klar stoische Fähigkeit, den Verstand vor die Emotionen zu stellen. Und die unweigerliche Schlussfolgerung daraus ist: Wenn Sie das Licht am Ende des Tunnels sehen können, ist es vermutlich schon zu spät, um zu kaufen (oder zu verkaufen).

Kapitel 8

Das Timing der Marktfaktoren: Währungen

Warum eine Krise der beste Kaufzeitpunkt sein kann

Auf einem Markt beständig erfolgreich den richtigen Kauf- oder Verkaufszeitpunkt zu erwischen, ist schlichtweg unmöglich. Es gibt jedoch ideale Voraussetzungen für einen Kauf oder Verkauf. Wann diese vorliegen, lässt sich aus den Unternehmensbewertungen herauslesen. Diese Bewertungen werden jedoch von Wechselkursschwankungen beeinflusst. Die Ansteckungseffekte der Finanzkrise, die wie ein Flächenbrand auf den asiatischen Märkten um sich griff, ließen selbst die unerschütterlichsten und erfahrensten Investoren in Panik verfallen. Oberflächlich betrachtet ist es nicht schwer zu verstehen. Verliert eine Fremdwährung an Wert, dann verliert auch jede von Ihnen gehaltene Aktie, die auf diese Währung lautet, gegenüber einer der globalen Reservewährungen wie dem US-Dollar – sofern in Lokalwährung kein Kursanstieg erfolgt, der den Wertverlust dieser Währung ausgleicht.

Was tut man also in einer Währungskrise? Nun, zunächst sollte man sich bewusst machen, dass die Abwertung einer Währung für eine Volkswirtschaft keine Katastrophe sein muss, auch wenn ringsum Armut und Elend heraufbeschworen werden. In Wirklichkeit kann so eine Abwertung den nächsten Wachstumszyklus anstoßen. In solchen Situationen gibt es Gewinner und Verlierer. Für Exporteure kann eine billige Währung bedeuten, dass ihre Waren stärkeren Absatz finden. Importeure dagegen werden es schwerer haben.

Was es mit der Wechselkursentwicklung auf sich hat

Bei der Analyse von Fremdwährungen (Foreign Exchange, Forex oder FX) und der Ermittlung des erwarteten Werts einer Währung im Verhältnis zu einer anderen muss man nicht nur wissen, wie sich Devisenhändler verhalten, sondern auch ein paar Grundlagen kennen. Einer der wichtigsten Aspekte ist die Kaufkraftparität (KKP). Sie ermöglicht es, die Inflation in einem Land mit der Inflation in einem anderen Land zu vergleichen. Ist die Inflationsrate in Land A höher als in Land B, stünde zu erwarten, dass die Währung von Land A schwächer ist als die Währung von Land B. Am besten konstruiert man ein Chart, das den Trend dieser Beziehung aufzeigt, indem man beispielsweise die monatliche Inflationsrate in den Vereinigten Staaten durch die monatliche Inflationsrate für Thailand teilt. Ist die Inflation in Thailand höher als in den Vereinigten Staaten, so können wir an der Entwicklung des Charts mit den monatlichen KKP-Daten über einen längeren Zeitraum erkennen, ob die Währung über- oder unterbewertet ist und ob mit einem Fallen oder Steigen des thailändischen Bahts gegenüber dem US-Dollar zu rechnen ist. Die nachstehende Grafik veranschaulicht das.

Chart zur Kaufkraftparität des thailändischen Bahts

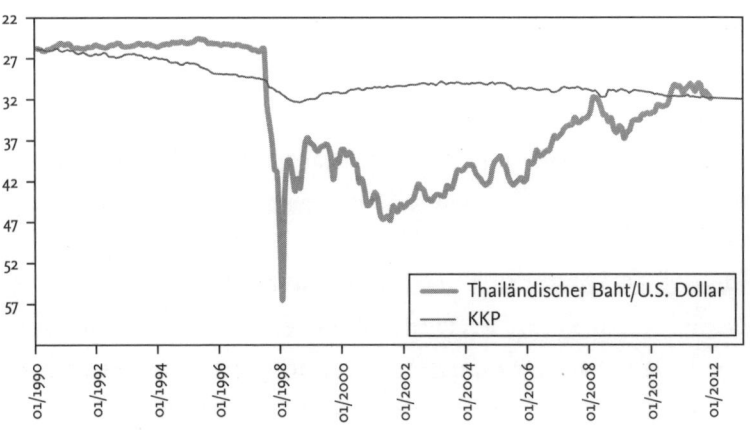

So erkennen Sie auf einen Blick, ob eine bestimmte Währung gegenüber dem US-Dollar zulegt oder absackt. Auf diese Weise setzen Sie Währungsrisiken ins richtige Verhältnis. Die Stärke oder Schwäche einer beliebigen Währung lässt sich mit dem KKP-Index so gut bestimmen, weil Inflation einer der maßgeblichen Indikatoren für Schwäche in einer Volkswirtschaft ist.

Trotz der schlechten Presse für Währungsspekulanten, die allerdings lieber Devisenhändler oder Forex-Trader genannt werden möchten, tut ein kluger globaler Investor grundsätzlich gut daran, wie ein Devisenhändler zu denken – wenn auch nur, um deren nächste Schritte vorherzusehen.

Globale Devisenhändler verbringen einen Großteil ihrer Zeit damit, die Schwachstellen in den Sicherheitsvorkehrungen eines Landes aufzuspüren. Hohe Inflationsraten sind ein klares Anzeichen für Schwäche und ein Köder für jeden versierten Forex-Trader.

Der zweite Aspekt, auf den Devisenhändler achten, ist die Leistungsbilanz, beziehungsweise sind es die vorliegenden Ungleichgewichte darin. In die Leistungsbilanz eines Landes fließen sämtliche Importe, Exporte sowie ausgehende und eingehende Zahlungen ein. Ein hohes Leistungsbilanzdefizit sollte Besorgnis auslösen. Manche Länder beziehen neben den harten Handelszahlen auch den sogenannten unsichtbaren Handel ein, um beispielsweise den Wert von Dienstleistungen im Vergleich zum einfachen Handel mit materiellen Waren korrekt zu bewerten.

Das Positive an politischer Ungewissheit
Der dritte Aspekt, auf den Devisenhändler achten, ist das politische Umfeld. Entdecken sie darin Ungereimtheiten, ziehen sie sich unverzüglich aus einer Währung zurück. So hatten wir es in einem Land mit einem höchst unpopulären Premierminister zu tun, der

die Lage noch verschlimmerte, weil er zauderte und angesichts eines raschen Wertverfalls der Währung Unsicherheit zeigte, als entschlossenes, rasches Handeln gefragt war.

Eine unsichere politische Lage kann wie jede Form der Ungewissheit Ihr Signal für den Einstieg sein.

Rückblickend war nicht so schwer zu erkennen, wieso er und sein Kabinett angesichts der Währungsmisere so sorglos agierten: Privat waren sie allesamt nicht nur Millionäre, sondern Milliardäre. Und zwar nicht in ihrer eigenen Landeswährung, sondern in US-Dollar. Der zum Politiker mutierte Militärführer hatte es versäumt, fragwürdige politische Strippenzieher aus seinem Kabinett zu entfernen, und mischte sich selbst immer wieder in die wohlmeinenden Initiativen der wenigen aufrechten Bürokraten ein, die sich engagiert für eine Finanzreform einsetzten. Kurz, der Kerl war das personifizierte Verhängnis und verkörperte eine der großen Gefahren der globalen Kapitalanlage: das politische Risiko. Doch als die Krise eintrat, holte das thailändische Volk den großen Besen hervor und fegte die Übeltäter aus dem Amt – einer der Gründe, weshalb diese immer wieder auftretenden Krisen gar nicht so schlecht sind: Sie forcieren dringend notwendigen Wandel.

Die Angst überwinden und am Ball bleiben

Ungewissheit drückt die Aktienkurse. Wenn Sie Ihren eigenen Analysen und Recherchen vertrauen, ist eine unsichere Atmosphäre womöglich genau der Rahmen, auf den Sie gewartet haben, um solide Aktien günstig zu erwerben, die sonst aus Kostengründen nie infrage gekommen wären. Was tun Sie, wenn es auf vielen Märkten kracht? Wohin orientieren Sie sich? Wo können Sie Zuflucht suchen? Sie finden keinen Schlupfwinkel? Ist ein Ausstieg eine vernünftige Lösung? Mit einem Wort: nein.

Ich versuche, mich nicht wie ein Schaf zu verhalten, sondern wie ein Hai. Das Tolle an einem Börsen-Crash ist, dass man sich vielleicht erstmals seit Jahren plötzlich alle möglichen Aktien leisten kann, die man zuvor gerne gekauft hätte, aber für zu teuer befunden hatte.

An einem besonders düsteren Punkt einer Marktkrise war ein Aktienmarkt von seinem Höchststand über 70 Prozent zurückgefallen! Warum? Das ist doch klar: Weil alle Profis stöhnten, bis zu einer Erholung werde es mindestens fünf Jahre dauern. Das war natürlich falsch. Der Markt hatte seinen letzten Gipfel bereits nach einem Jahr wieder erreicht, und schon drängten sich die Anleger erneut, statt das Weite zu suchen. Wir könnten viele solche Fälle auflisten. Nach der mexikanischen Tequila-Krise 1996 brauchte der mexikanische Markt nur zwei Jahre, um sich wieder hochzurappeln.

Marktkommentatoren ziehen gerne Parallelen zwischen Krisen, doch jede Krise ist anders, und vorschnelle Urteile sind gefährlich, da jedes Land, jedes Unternehmen und jeder Sektor seine Eigenheiten hat, weshalb die meisten nach ihren individuellen Ergebnissen beurteilt werden sollten. So prognostizierten zum Beispiel Anfang 2012 viele Beobachter einen Einbruch des chinesischen Immobilienmarkts mit schlimmen Folgen für die Banken und die gesamte Volkswirtschaft. Leider betrachteten sie den chinesischen Immobilienmarkt durch die Linse der Subprime-

Immobilienkrise in den Vereinigten Staaten. Doch dieser Vergleich hinkte, weil die wirtschaftlichen Rahmenbedingungen und die Struktur der beiden Märkte ganz unterschiedlich waren. Um nur eine Variable herauszugreifen, die Derivate nämlich, war der US-Immobilienmarkt stark durch Kreditausfallversicherungen (Credit Default Swaps oder CDSs) beeinflusst, die auf dem chinesischen Immobilienmarkt keine Rolle spielten.

Zur Entscheidung über den Kauf bestimmter Aktien merkte ein vor Ort tätiger Analyst an, die meisten Investoren und sogar viele Analysten und Makler ließen sich häufig stärker von Gefühlen leiten als von allem anderen. Es kommt daher nicht unbedingt darauf an, gute Unternehmen ausfindig machen zu können, sondern vielmehr darauf, zu prognostizieren, auf welchen Titel sich die Masse der viel zu emotionalen Investoren als Nächstes stürzen wird – und sicherzustellen, dass Sie auf solche Stimmungsumschwünge eingestellt sind und sie bemerken.

Denken Sie daran: Lokalzeitungen und Lokalnachrichten können Ihnen wertvolle Einblicke in die Mentalität lokaler Märkte liefern, die Sie sonst nirgendwo bekommen.

Die Zahl unzutreffender Vorhersagen über die mexikanische Krise von 1994 und den Tequila-Effekt, der die lateinamerikanischen Märkte ein paar Jahre lang beeinträchtigte, war bemerkenswert. Noch bemerkenswerter – wenn auch eher unbemerkt – war das pikante Detail, dass nicht eine Zeitung titelte: „Mexikanische Märkte erholen sich schnell."

Das Problem mit so einem Aufschwung ist, dass er keine Auflage bringt. Crashs sorgen für Schlagzeilen. Aufwärtstrends sorgen für Gewinne.

**Crashs sorgen für Schlagzeilen.
Aufwärtstrends sorgen für Gewinne.**

Das Interessante an Marktkommentatoren ist meines Erachtens, dass sie wie ihr Publikum zu Extremen neigen: „Das ist verheerend!" „Eine Katastrophe!" „Ein Gemetzel!" Entfernen Sie doch mal die Ausrufezeichen hinter diesen Meinungen. Geht's Ihnen jetzt besser? Sind Sie ruhiger? Gefasster?

Gut, dann holen Sie tief Luft, zählen Sie bis zehn – und überlegen Sie sich dann, ob Sie nicht auf Einkaufstour gehen wollen.

Ein klassisches Zitat, das oft dem ersten Baron Rothschild zugeschrieben wird, besagt, dass der beste Kaufzeitpunkt gekommen ist, wenn „Blut auf den Straßen fließt". Der Nachsatz zu diesem Rat, so wurde mir gesagt, sei „auch wenn es Ihr Blut ist". Für mich macht das den Baron nur noch interessanter.

Persönlich würde ich aber noch einen subjektiven Faktor einbeziehen: Kaufen Sie, wenn alle anderen schreiben, dass Blut auf den Straßen fließt. Ich würde nämlich jede Wette eingehen: Egal was passiert, wenn Sie in den Rinnstein schauen, fließt dort höchstens Wein.

Reisenotizen: Südkorea

August 2011
Die Wirtschaft und der Aktienmarkt Südkoreas hatten sich in den letzten Jahren ganz gut entwickelt. Das BIP-Wachstum ging zwar infolge der Subprime-Krise zurück, doch 2010 setzte ein dynamischer Aufschwung ein. Wie andere Schwellenländerwährungen tendierte der koreanische Won gegenüber dem US-Dollar stetig aufwärts.
In meinen Gesprächen in Seoul spiegelte sich das veränderte Geschäftsklima Südkoreas. Die Wirtschaft hatte sich auf Produkte mit größerer Wertschöpfung und fortschrittlichere Technologie verlegt.
Auch Home-Shopping war in Südkorea im Aufwind – ein Bereich, in den viele neue Akteure drängten. Infolgedessen nahm der Wettbewerb um beliebte Kabelfernsehkanäle bei Home-Shopping-Unternehmen und neuen Mehrkanalanbietern zu.
Weitere starke Branchen in Südkorea waren unter anderem:
Schiffbau: In der Werftindustrie gehörte Südkorea zur Weltspitze. Große Werften hatten vom Boom bei Offshore-Bohrinseln und bei komplexen Flüssiggasfrachtern gleichermaßen profitiert.
Baugewerbe: Neben den Werften waren auch südkoreanische Bauplanungs- und -ausführungsunternehmen weltweit aktiv. Ein großer Konzern, den wir besuchten, verfügte über ein breit gestreutes Unternehmensportfolio, das von Wohnungsbau über den Bau von Chemiefabriken im Ausland bis hin zu Architektenleistungen und dem Bau von Straßen, Brücken und ähnlichen Anlagen reichte.

Immobilien: Der Wohnungsmarkt von Seoul hatte sich in den letzten Jahren nicht so gut entwickelt wie in anderen Städten und Provinzen. Doch 2010 boten Bauunternehmer unverkaufte Wohneinheiten mit Preisabschlägen an und steigerten so den Absatz. Auch die südkoreanische Regierung bemühte sich, den Immobilienmarkt zu stützen, indem sie das Angebot an Wohnraum im unteren und mittleren Preissegment erhöhte und die Besteuerung des Besitzes mehrerer Eigenheime senkte oder abschaffte. Außerdem deregulierte sie den Markt für Sanierung und Wiederaufbau, um die Zahl neuer Wohnungen zu steigern.

Online-Geschäft: Das südkoreanische Internetgeschäft florierte. Der Markt für Online-Spiele wuchs aufgrund strengerer staatlicher Bestimmungen zwar langsamer als in der Vergangenheit, doch Suchportale entwickelten sich dynamisch.

Südkoreas Stärke in so vielen verschiedenen Sektoren vermittelte uns Vertrauen in die glänzende Zukunft des Landes.

Kapitel 9

Die sogenannte Volatilität

*Was steigt, fällt,
und was gefallen ist,
steigt auch wieder*

Den Geist Hongkongs macht raffinierte Risikosteuerung aus. Im Lexikon der Sozialisten wird schon ein verkraftbares Risikoniveau als *Spekulation* bezeichnet und gilt als Wurzel allen Übels. Doch für engagierte Verfechter der freien Marktwirtschaft definiert sich Spekulation moralisch deutlich neutraler und besteht darin, den Blick auf ein kurzfristigeres Ziel zu richten, wobei man zwar das Risiko eingeht, falsch zu liegen, sich aber sicher ist, Recht zu behalten.

Die bleibende Lehre, die ich aus den fast 30 Jahren zog, die ich in Hongkong gelebt habe, ist, dass es sich letztlich lohnt, Risiken einzugehen. Der Hongkonger Aktienmarkt veranschaulicht das mustergültig. Er ist berüchtigt für seine Volatilität, und seine haarsträubenden Achterbahnfahrten erfordern starke Nerven. Doch aus den dunklen Tagen vor 30 Jahren, als etliche, die schon eine strahlende Zukunft wahrnahmen, noch bevor der Silberstreif am Horizont auftauchte, in Hongkong ein Vermögen verdienten, habe ich gelernt, dass es sich in aller Regel auszahlt, eine langfristige Perspektive zu wählen. In Hongkong habe ich auch erfahren, dass alle Märkte ihrem Wesen nach elastisch sind, und dass alles, was steigt, irgendwann wieder fällt – und umgekehrt.

Eine Frage der Recherche

1973 rief mich eines Tages der Enkel des berühmten chinesischen Kompradors an, der als Mittelsmann zwischen chinesischen Geschäftsleuten und dem Establishment der britischen Kolonialwirtschaft Millionen verdiente. Seinerzeit unterstand Hongkong dem britischen Kolonialministerium. Chinesen durften sich auf der Insel Hongkong nicht in höheren Lagen ansiedeln. Für den erwähnten Herrn wurde aber eine Ausnahme gemacht – nicht nur, weil er den Briten unschätzbare Dienste leistete, sondern auch wegen des enormen Reichtums, den er angehäuft hatte. Ich war sehr überrascht, als er sagte: „Ich möchte wissen, was an der Börse passiert – was steigt und was fällt. Können Sie mir Recherchematerial liefern?" Das konnte ich, das wollte ich und das tat ich.

Ich ging an meine neue Aufgabe heran wie an jedes andere Marktrechercheprojekt auch: Ich versenkte mich in die Bücher. Im Herzen ein ewiger Student, beschäftigte ich mich zunächst mit der technischen Analyse von Kursbewegungen und wendete die Methodik der Chart-Analysten an. Je tiefer ich jedoch in diese obskure Kunst eintauchte, desto mehr faszinierte mich ihre potenzielle Prognosekraft. Das war natürlich, bevor ich mit der wertorientierten Kapitalanlage in Berührung kam, sodass mein Ansatz aus heutiger Sicht eher naiv wirken mag. Auf jeden Fall gipfelte im Jahr 1973 die längste und kräftigste Hausse in der Nachkriegsgeschichte Hongkongs. Als frischgebackener Charttechniker reagierte ich daher einigermaßen bestürzt, als ich eine der bekanntesten technischen Kursformationen ausmachte: die prägnante Kopf-Schulter-Formation nämlich, die sich gerade in Hongkong ausbildete.

Eine Kopf-Schulter-Formation tritt auf, wenn die Aktienkurse in ihrer Gesamtheit einen Gipfel bilden, korrigieren, dann ein höheres Hoch verzeichnen, wieder zurückfallen und schließlich einen dritten Gipfel erreichen, der aber nicht mehr so hoch liegt wie der vorausgegangene Höchststand. Die Linie auf dem Chart nimmt die Form einer Schulter und eines Kopfs an und fällt dann auf die andere Schulter ab. Wenn ein Kurschart eine Kopf-Schulter-Formation erkennen lässt, ist das für Chartanalysten ein Warnsignal. Dann sollte man aussteigen, und zwar schleunigst.

Eine schmerzhafte Lektion

Mit diesen unheilvollen Informationen gewappnet, teilte ich meinem chinesischen Kunden meine Vorbehalte mit. Leider richtete ich mich aber nicht nach meinem eigenen Rat. Eine brandheiße Aktie, von der ein alter Freund und Kollege besonders angetan war, war Mosbert Holdings.

Mosbert war eine unüberschaubare, schwer definierbare malaysische Holdinggesellschaft, die sich auf geheimnisvolle Weise Zutritt zu Hongkong verschafft hatte und mit großem Getöse alles aufkaufte, dessen sie habhaft werden konnte: Unternehmen, Immobilien – ganz egal. Woher das Geld dafür kam, wusste niemand so genau.

„Ich habe Mosbert zu acht gekauft, und jetzt hat die Aktie dreieinhalb verloren – fast die Hälfte meines Kaufkurses", erklärte mir mein Freund aufgeregt anhand einer etwas verschobenen Version der konträren Anlagephilosophie. „Das ist eine großartige Kaufchance."

Vielleicht. Vielleicht aber auch nicht. Bevor ich mich daran heranwagte, beschloss ich, ein Mindestmaß an gebührender Sorgfalt walten zu lassen. Ich griff zum Telefon und rief bei Mosbert an. Dort geriet ich an einen, gelinde gesagt, äußerst unfreundlichen Zeitgenossen und erhielt alles andere als offenen Einblick.

„Am Telefon kann ich keinerlei Informationen herausgeben", meinte er schroff. „Und gedruckt ist nichts verfügbar." Um mir das noch unmissverständlicher klarzumachen, legte er einfach auf.

Dass ich das wenig beruhigend fand, versteht sich von selbst. Doch mein Freund versicherte mir wieder und wieder, Mosbert sei das nächste große Finanzwunder von Hongkong und zu den aktuellen Kursen auch noch das Schnäppchen des Jahrhunderts. Wider besseres Wissen sagte ich: „Greifen wir zu."

Und das taten wir. Lassen wir es dabei bewenden, dass die vielen billig fabrizierten Mosbert-Aktien nicht das Papier wert waren, auf dem sie gedruckt waren. Ein Markt im Höhenflug gibt nicht nur Raum für jede Sünde, sondern auch für jeden Betrug. Mosbert Holdings entpuppte sich als größter Schwindel des von Skandalen heimgesuchten Hongkonger Aktienmarkts, der uns nach wenigen Wochen um die Ohren flog.

Mosbert machte natürlich Bankrott. Ein Blick zurück im Zorn zeigte, was wir für Trottel gewesen waren. Wir hätten uns fragen sollen, wieso die Aktie unter Druck stand. Die Börsianer, die Mosberts Kurs ins Rutschen gebracht hatten, wussten mehr als wir: nämlich dass es mit Mosbert nicht immer weiter aufwärts ging. Wir hätten unser Geld behalten sollen, als die Aktiengesellschaft die Herausgabe von Informationen über ihren Betrieb und ihre Finanzlage verweigerte. Ich lernte daraus viel darüber, warum fundamentale wertorientierte Analyse vor jeder Anlageentscheidung so wichtig ist.

Und mit Mosbert war auch die fantastische Hongkonger Hausse in die Knie gegangen. Von einem Zwischenhoch bei knapp 300 (um diese Zahl ins richtige Verhältnis zu setzen: zuvor hatte der Index um 2.500 gependelt) sackte der Hang Seng wie ein Stein auf unter 100 ab und mündete danach in einen langsamen, unaufhaltsamen Rückgang. Was ließ sich aus alledem lernen? Dass man sich von volatilen Märkten wie Hongkong besser fernhalten sollte? Nein. Was mich betraf, so lernte ich aus diesem Desaster: Was fällt, das steigt gewöhnlich auch wieder, wenn man nur geduldig abwartet und nicht in Panik gerät.

> **Was fällt, das steigt gewöhnlich auch wieder, wenn man nur geduldig abwartet und nicht in Panik gerät.**

Setzen Sie das Gelernte auch um

Wenn Sie das nicht tun – wenn Sie sich nicht nach bereits erworbenen Erkenntnissen richten und allzu bereitwillig dem nachgeben, was Alan Greenspan so denkwürdig als den „irrationalen Überschwang" einer galoppierenden Hausse bezeichnet hat –, haben Sie am Ende vielleicht Mühe, den eigenen Kopf auf den Schultern zu behalten.

In Krisenzeiten leben viele zu sehr für den Moment. Emotionen beherrschen die Gegenwart. Vernunft blickt in der Zeit voraus und zurück. Mit Panik und Angst – ebenso wie mit Gier – gewinnen die Gefühle die Oberhand und drängen rationales Denken zurück. Doch eine historische Perspektive hilft Ihnen in der Regel, die Dinge langfristig zu betrachten.

Kapitel 10

Warum es so wichtig ist, gegen den Strom zu schwimmen

Richten Sie sich nie nach der Masse

Ich höre Sie förmlich fragen: Wie in aller Welt konnte es sinnvoll sein, sich in Thailand zu engagieren, wenn doch die Profis auf dem Höhepunkt der Asienkrise panisch die Flucht ergriffen? Die richtige Antwort auf eine gute Frage liefert eine weitere von Sir John Templeton oft und gerne verkündete Weisheit: „Zu kaufen, wenn andere verkaufen, und zu verkaufen, wenn andere kaufen – das verlangt großen Mut, macht sich aber äußerst bezahlt."

„Wenn Sie die gleichen Wertpapiere kaufen wie alle anderen, dann erzielen Sie auch die gleichen Ergebnisse wie alle anderen."

Sir John Templeton

Worum es geht, ist der Wert, der einer Anlage *gefühlsmäßig* beigemessen wird – und nicht auf der Grundlage klarer, objektiver Logik. Verzweiflung und Gier sind Emotionen. Sie beruhen nicht auf rationalen Überlegungen, sondern auf Gefühlen. Vielleicht sagt Ihnen Ihr Bauch, dass eine Aktie anziehen wird, doch Sie sind auf jeden Fall gut beraten, wenn Sie diese Vermutung der harten Realität einer Unternehmensbilanz und Faktoren wie dem Wettbewerbsumfeld gegenüberstellen.

Natürlich haben die Profis auf kurze Sicht Recht: Wenn der thailändische Baht innerhalb von zwei Monaten 50 Prozent an Wert verliert, ist das eine ausgewachsene Katastrophe. Doch wenn Sie in dieser Situation verkaufen, dann basiert Ihre Entscheidung, wie die Geschichte gezeigt hat, auf Stimmung und Gefühl, nicht auf der rationalen Bewertung langfristiger Fundamentaldaten.

Von den Entscheidungen der breiten Masse erfolgt ein gewisser Prozentsatz aus Vernunftgründen, doch ein weitaus größerer Teil basiert auf Emotionen. Stellen Sie das Ganze doch einmal auf den Kopf: Sie gewinnen, indem Sie den emotionalen Quotienten eines Markts einkalkulieren.

Verluste – auf dem Papier und in Wirklichkeit

Vor vielen Jahren erwarb die Frau meines Bruders Anteile eines unserer globalen Schwellenländerfonds. Sie erwischte einen schlechten Zeitpunkt, denn sie engagierte sich auf dem Höhepunkt des Emerging-Markets-Booms von 1993, weil damals auch alle anderen kauften und die Nachrichten durchweg positiv waren. Die Schwellenländer waren en vogue.

Auf den Boom folgte jedoch leider 1994 ein massiver Einbruch, ausgelöst von der Pesokrise in Mexiko, die den Tequila-Effekt verursachte und die lateinamerikanischen Märkte abrutschen ließ.

Als meine Schwägerin ihren monatlichen Depotauszug erhielt, stellte sie schockiert fest, dass sie Geld „verloren" hatte, weil der Nettoinventarwert ihrer Anteile gefallen war.

Dabei hatte sie keinerlei echte Einbußen erlitten. Die Anteile hatten zwar an Wert verloren, doch auf meine Schwägerin hätte sich das nur ausgewirkt, wenn sie gezwungen gewesen wäre, ihren Bestand aus irgendeinem Grund zu diesem Zeitpunkt abzustoßen. In Wirklichkeit bot sich ihr – und mir ebenso – hier eine großartige Chance, denn für jeden Dollar, den sie in der Krise in unseren Fonds investieren würde, würde sie mehr Wert erhalten.

Doch das war ihr damals noch nicht klar, und an dem Abend, als ich zum Essen vorbeikam, hätte man die Luft im Haus meines Bruders schneiden können, so dick war sie.

Als aufrechter Mensch hielt meine Schwägerin mit ihrer Meinung nicht hinter dem Berg. „Er ist *gefallen*", beklagte sie sich, als ich sie nach dem Crash das erste Mal sah – hinter vorgehaltener Hand, als könnten es die Nachbarn hören und uns ob dieser Schande geringer schätzen.

Ich bat sie, Vertrauen zu haben und (falls sie den Mut dazu aufbrachte) die Gelegenheit zu nutzen, um weitere Anteile an einem fallenden Fonds mit fantastischen Kursabschlägen zu erwerben. Sie sah mich an, als sei ich nicht ganz richtig im Kopf. Wie konnte sich ein vernunftbegabter Mensch einen rückläufigen Fonds kaufen?, fragte sie – und meinte „einen gescheiterten" Fonds.

Ich erklärte: „Weil du die Chance hast, ihn später teurer zu verkaufen, wenn du ihn jetzt billig kaufst."

Das ist an sich offensichtlich. Erstaunlicherweise tun viele Anleger genau das Gegenteil. Lassen wir es dabei bewenden, dass meine Schwägerin ihre Anteile teuer erstanden und billig hergegeben hat. So aber sollte man Investmentfonds nicht kaufen oder verkaufen – und übrigens auch sonst nichts.

Kaufen Sie Aktien, deren Kurse fallen, nicht steigen.

Hat ein Markt vom letzten Hoch aus 20 Prozent oder mehr eingebüßt, und es ist Wert erkennbar, ist ein Einstieg durchaus ratsam.

Klingt verrückt, oder? Falsch.

Cool bleiben

Ein typisches Beispiel: 1991 stellte eine Fondsgesellschaft fest, dass sich japanische Investoren begeistert in Indonesien engagierten. Sie legte daher einen indonesischen Fonds auf, den sie Anlegern in Japan anbieten wollte. Die Einführung des Fonds fiel mit dem damaligen Höhenflug des indonesischen Markts zusammen – kurz bevor dieser massiv einbrach. Das konnte seinerzeit natürlich keiner wissen. Der Fondsmanager ahnte jedoch, dass da eine Blase kurz vor dem Platzen stand, weil die Aktienkurse wie Heliumballons in den Himmel stiegen. Weil ich mich zu jener Zeit gerade in Japan aufhielt, fragte ich einen japanischen Fondsmanager nach seiner Strategie zur Auswahl von Einzeltiteln. Er antwortete feierlich: „Ich wähle Aktien, die steigen." In einer Hausse ist das natürlich eine brillante Strategie.

Engagieren Sie sich aber, wenn gerade eine Baisse einsetzt, ist es der sichere Weg in ernsthafte Schwierigkeiten für Ihr Portfolio. Betrachtete man die harten Zahlen – die Kurs-Gewinn-Verhältnisse – der führenden indonesischen Aktien, so stand auf jeden Fall fest, dass der im historischen Vergleich für die Unternehmen geforderte Kurs das ganze Land sehr teuer wirken ließ – vor allem in Relation zu anderen, konkurrierenden Märkten der Region. Der Fondsmanager des Indonesienfonds stand vor einem echten Dilemma, denn die japanischen Anleger, die ihm Millionen Dollar anvertraut hatten, erwarteten von seinem Fonds hohe Renditen. Er hatte aber Probleme, Schnäppchen aufzutreiben, und sah eine Baisse kommen. Und er hielt still. „Na los!", drängten ihn die Anleger per Fax und E-Mail. „Sehen Sie zu, dass Sie zu 100 Prozent investiert sind. Wenn Sie nicht voll investieren, sind Sie Ihr Honorar nicht wert!" Er ließ sich aber nicht aus der Ruhe bringen und rückte kein Jota von seiner abwartenden Haltung ab. Kurz darauf geriet der Markt in freien Fall, und unverzüglich saßen ihm dieselben Anleger wieder im Nacken – nur jetzt mit einem ganz anderen Anliegen: „Bloß nichts mehr kaufen! Stoßen Sie Aktien ab! Halten Sie hohe Barbestände!" Er hielt sich vornehm zurück und verkniff sich sogar, zu sagen: „Ich hab es Ihnen gesagt!"

Bedankt hat sich übrigens nie jemand bei ihm dafür, dass er allen die Haut gerettet hat. Vielmehr setzten ihn die Anteilsinhaber unter Druck, *nicht* mehr zu kaufen, als es erst richtig sinnvoll war, *damit anzufangen*. Sie hatten panische Angst vor Verlusten, und er musste ihnen immer wieder predigen, ohne sich seinen Ärger anmerken zu lassen: „Diese kurzfristigen Rückgänge sind nur *auf dem Papier* Verluste. *Gewinne* können Sie nur machen, wenn Sie jetzt kaufen." Das Problem war natürlich das Fehlen einer angemessenen langfristigen Perspektive.

Die Zeit heilt die meisten Wunden …
vor allem in Bezug auf die Schwellenmärkte.

Nach über zwei Jahrzehnten Anlageerfahrung auf Schwellenmärkten bin ich zu dem Schluss gekommen, dass sich dort mit wohlmeinendem, aber zynischem Optimismus langfristig am besten Erträge erzielen lassen. Allen Stolpersteinen, Fehlstarts, Auf- und Abschwungphasen, Blasen und Crashs zum Trotz gilt nämlich offenbar auf lange Sicht immer dasselbe: Die Zeit heilt die meisten Wunden … vor allem in Bezug auf die Schwellenmärkte.

Kapitel 11

Im Großen und im Kleinen

Das Fallbeispiel Russland

Das Gesamtbild stellt sich häufig ganz anders dar als die Summe der Details.

Ich weiß noch, wie ich Anfang der 1990er-Jahre auf der Suche nach Anlagemöglichkeiten nach Russland reiste und im Großen und Ganzen einen schmutzigen, heruntergewirtschafteten und unredlichen Standort wahrnahm. Bei genauerem Hinsehen offenbarten sich aber vereinzelt echte Chancen. Was ich meine, ist der Unterschied zwischen der Makro- und der Mikroperspektive.

> **Indem man die Lücke zwischen Makro- und Mikroperspektive schließt, verschafft man sich häufig einen Vorsprung vor der Masse.**

In Bezug auf Russlands politische, wirtschaftliche, soziale und finanzielle Situation lag viel im Argen. Dennoch boten sich interessante Schnäppchen.

Indem man die Lücke zwischen Makro- und Mikroperspektive schließt, verschafft man sich häufig einen Vorsprung vor der Masse.

Gut und Böse

Als ich erstmals zaghaft die Fühler nach Russland ausstreckte, hätte der Gesamteindruck kaum pessimistischer sein können – es sei denn, es wäre ein Bürgerkrieg ausgebrochen.

- Ein belagerter Boris Jelzin hatte einen Staatsstreich und den Beschuss des Parlaments mit Granaten nur mit Mühe abwenden können.

- Das ganze Land war eine Brutstätte des Widerstands von Betonkommunisten.
- Die Inflation explodierte.
- Die Industrieproduktion lag am Boden.
- Kapitalflucht war gang und gäbe. Jeder Russe, der ein paar Rubel besaß, hatte sein Geld außer Landes geschmuggelt und in irgendeinen sicheren ausländischen Hafen gebracht – außer Reichweite des Moskauer Steuereintreibers.
- Es gab keine gut organisierten Börsen.
- Es gab keine Bilanzen.
- Es gab keine Ertragsmeldungen, weil es keine Erträge gab.
- Das Land versank tief in der später so genannten großen Kontraktion, in der sein Bruttoinlandsprodukt (BIP) innerhalb von fünf Jahren fast um die Hälfte zurückging.

Dazu fiele mir noch viel mehr ein. Russland steckte damals auf jeden Fall in der Klemme.

Was lockte uns also? Es gab dort Aktien, die für einen Apfel und ein Ei zu haben waren. Überall wurden Unternehmen privatisiert – große, kleine, gute, schlechte, manchmal ein Dutzend in einer Woche.

Vermögenswerte wurden versteigert wie überzählige Lagerbestände – weit unter ihrem Wert oder für neue Rubel zum Preis von alten – und oft nicht an den Meistbietenden, sondern an den *einzigen* Bieter. Ganze Unternehmen – Öl- und Erzgiganten, Telekomfirmen, Energiekonzerne – waren zu Dumpingpreisen zu haben.

Warum war der russische Staat so entschlossen, potenziell wertvolle Aktivposten im Notverkauf loszuschlagen? Die Regierung brauchte dringend Geld. Und viele Menschen – meist die Manager – ebenfalls. Deswegen schöpften sie Mittel ab, betrogen und wurden in dem ganzen Chaos reich. Viele Normalbürger, die von solchen Geschäften ausgeschlossen waren, reagierten mit Zorn.

Es gab aber noch einen anderen, legitimeren Grund dafür, dass in Russland damals alles so billig war: Niemand wusste, wohin die Reise ging – ob zu einer tragfähigen Umstellung auf eine Marktwirtschaft oder zu einem Bürgerkrieg zwischen Möchtegern-Kapitalisten und glühenden Konterrevolutionären.

Wer die großen Gewinner der zweiten russischen Revolution (hin zur Marktwirtschaft) sein würden, stand beileibe nicht fest. Deshalb mussten wir Ausländer tatsächlich *dafür bezahlt* werden, den Sprung nach Russland zu wagen. Glücklicherweise gereichte dieser Entschluss allen, die das Risiko auf sich nahmen, zum Vorteil – vorerst zumindest, bis die erwartete und vermutlich unvermeidliche Sintflut einsetzte.

„Haben Sie Vertrauen"

Als wir uns erstmals in Russland engagierten, war es schwierig, sich als Aktionär eintragen zu lassen. „Wer registriert die Aktien?", wollten wir am Ende fast jeden Unternehmensbesuchs wissen. „Oh, das machen wir", entgegnete der Unternehmensvertreter dann lächelnd. „Doch welche Garantie haben wir, dass Sie nicht hingehen und unseren Namen aus dem Register streichen, weil Ihnen unsere Nasen nicht gefallen?" „Haben Sie Vertrauen", war die Antwort. Mich persönlich machte das Fehlen eines zentralen Aktienregisters aber äußerst nervös.

Noch 1994 war die russische Börse so primitiv, dass der Handel gegen 15 Uhr begann – oder auch mal eine Stunde früher oder später –, wenn vor dem Börsengebäude in Moskau ein BMW vorfuhr und Bargeld im Wert von mehreren Millionen Dollar ablud.

Die Makler saßen an langen Tischen und warteten auf Arbeiter und Bürger, die Gutscheine erhalten hatten, die gegen Aktien an den frisch privatisierten russischen Unternehmen eingetauscht werden konnten. Solche Gutscheine schleppten sie in rauen Mengen an und verkauften sie für kleines Geld.

Gegen 18 Uhr kehrte der BMW zurück und sammelte die Gutscheine ein, die die Makler den gutgläubigen Arbeitern und Bürgern billig abgekauft hatten. Wie sich ein Veteran des Geschehens unlängst erinnerte: „Das war damals Over-the-Counter-Trade im wahrsten Sinne des Wortes."

Spulen wir zwei Jahre vor. 1996 wurden vom Russian Trading System (RTS), einem elektronischen Bindeglied zwischen Maklern und Händlern, das unter der Schirmherrschaft der US-Behörde für internationale Entwicklung (U.S. Agency for International Development oder kurz USAID) eingerichtet worden war, pro Tag im Schnitt der Gegenwert von 14,2 Millionen US-Dollar umgesetzt.

Das war ganz schön viel in Anbetracht der Tatsache, dass die allermeisten russischen Aktien nach wie vor so umsatzschwach gehandelt wurden, dass wir Tage oder gar Wochen warten mussten, um einen Trade auszuführen.

Fünf Jahre, nachdem wir unsere ersten russischen Aktien gekauft hatten, ging der Boom des russischen Bären mit unvermindertem Tempo in sein zweites Jahr. Es stellten sich folglich dieselben zwei Fragen, die unheilvoll stets über sämtlichen Höhenflügen in aller Welt schweben:

1. Ist das der Höhepunkt vor dem Absturz?
2. Oder ist es der Auftakt zu einer längeren rauschenden Party?

Auf Makroebene gab es ein paar vertrauenerweckende Aspekte, die uns vermittelten, dass trotz unserer Bedenken echtes und nachhaltiges Wachstum stattfand, was einen Kursanstieg unterfütterte.

Nach dem Einbruch um 43 Prozent seit 1989 – dem Jahr, als die Berliner Mauer den Kommunisten um die Betonköpfe flog und der Eiserne Vorhang aufging wie eine Jalousie – wies die russische Volkswirtschaft 1997 tatsächlich ein geringfügiges BIP-Wachstum um nicht gerade atemberaubende 0,4 Prozent aus.

In Ihren Ohren mag das bescheiden klingen, doch angesichts der Geldsummen, die geflossen, aber nie verbucht worden waren, war das enorm beeindruckend – vor allem, da das BIP zwei Quartale in Folge zugelegt hatte – zum ersten Mal seit fünf Jahren. Soweit wir das beurteilen konnten, konnte das der Anfang einer großen Expansion sein – oder aber nur ein Leuchtpunkt auf dem Radarschirm.

Eine willkommene Privatisierungswelle

Bei den Ergebnissen der Flut von Privatisierungen hatte es weitgehend unbemerkt imposante Verbesserungen gegeben. Das Programm war zwar durch und durch korrupt gewesen und für die begangenen Fehler schwer kritisiert worden, doch es hatte viele seiner ursprünglichen Ziele erreicht.

Ende 1998 waren 75 Prozent aller produzierenden Unternehmen in privater Hand, und 85 Prozent der Produktion entfielen auf privatisierte Unternehmen. Über 80 Prozent der Fabrikarbeiter waren bei privatisierten oder quasi privatisierten Unternehmen beschäftigt.

Noch entscheidender war aber, dass die horrenden Überkapazitäten der Industrie, unter denen Russland zur kommunistischen Zeit gelitten hatte, von der inzwischen zu großen Teilen privatisierten

Wirtschaft ausgemerzt worden waren. Ein florierendes Dienstleistungsgewerbe war aus dem Boden gestampft worden, mit großen und kleinen Banken, Werbeagenturen und Geschäften, die aus neuen Chancen erblühten.

Unter dem alten System hatte der Grundsatz gegolten: „Wer den Staat nicht bestiehlt, der bestiehlt seine Kinder." Eine weitere Perle der Arbeiterweisheit war: „Wir tun so, als ob wir arbeiten, und sie tun so, als würden sie uns bezahlen." Alles in allem ist gut nachvollziehbar, warum das sowjetische System zusammenbrach. Das eigentlich Erstaunliche ist, dass es so lange gedauert hat, bis es unter den Widersprüchen kollabierte, die ihm innewohnten.

Nach wenigen Jahren Marktwirtschaft hatte sich die Moral unter den Mitarbeitern deutlich verbessert. „Es ist schwerer geworden, die neuen Eigentümer zu bestehlen als früher den Staat", erzählte ein russischer Analyst der Öl- und Gasindustrie dem *Wall Street Journal*. Er schrieb den Anstieg der Ölproduktion um 1,3 Prozent im Jahr 1998 (der gering war, aber der erste seit 1988) folgendem Umstand zu: „Das Management ist motivierter." In dieser Branche gab es Manager, die neue Kraft spürten und finanzielle Anreize hatten, um „Förderstellen zu sanieren, neue Technik einzubauen und umsichtiger zu investieren."

Gottlob wurden ein paar Dinge richtig gemacht. Im Hinblick auf die kulturellen Werte befand sich das Land mitten in einer enormen Umwälzung. Ein einst isolierter Staat, der sich aus ideologischer Missbilligung heraus dem Außenhandel entzogen hatte, wurde zum maßgeblichen Akteur im internationalen Geschäft.

Nach meiner persönlichen Erfahrung hatten aber in allzu vielen der so schnell privatisierten Unternehmen noch dieselben alten Sozialistensäcke das Sagen. Das hieß, dass die überwiegende Zahl dieser Unternehmen vor die Wand gefahren wurde. Auch fünf Jahre auf Hochdruck und mit Vollgas erfolgender Privatisierung und wirtschaftlicher Schocktherapie hatten noch kein frisches Blut in die Chefetagen vieler Unternehmen gebracht. Wenn überhaupt, hatte die Aussicht, im Zuge der Privatisierung reich zu werden, viele abgehalfterte Manager an ihren Sesseln kleben lassen in der Hoffnung, vor dem Ausscheiden noch schnell Kasse zu machen. Infolgedessen entwickelten bedrohte und paranoide Manager in ihrer Verzweiflung in aller Regel eine passive Überlebensmentalität.

Diese Lose-Lose-Strategie beinhaltete:

- Verringerung des Outputs.
- Personalabbau und Lohnkürzungen.
- Hohe Zahlungsrückstände gegenüber Zulieferern und dem Staat.

Kein Tabu für Kronjuwelen

Das musste irgendwann schiefgehen. Der Korb von Blue Chips, den unser Russlandfonds hielt, hatte sich gut entwickelt. Die Anlagen verteuerten sich aber. Die Fondsstrategie für Russland im zweiten Boomjahr war dieselbe, die ich bei allen Booms überall und immer einsetze: Wir gingen die Liste großer Large-Caps durch, die teuer geworden waren, und schauten uns nach Unternehmen aus der zweiten Reihe um – mit geringerer Marktkapitalisierung und hohem Wachstumspotenzial.

Werfen Sie einen kritischen, prüfenden Blick auf Ihr Portfolio. Stellen Sie fest, welche Aktien innerhalb eines Jahres oder schneller um 100 Prozent zugelegt haben. Haben die Erträge nicht mitgezogen und überzeugen die Fünfjahresprognosen nicht, sollten Sie über eine Trennung nachdenken.

Werfen Sie einen kritischen, prüfenden Blick auf Ihr Portfolio. Stellen Sie fest, welche Aktien innerhalb eines Jahres oder schneller um 100 Prozent zugelegt haben. Haben die Erträge nicht mitgezogen und überzeugen die Fünfjahresprognosen nicht, sollten Sie über eine Trennung nachdenken.

Ob ich verrückt geworden bin? Warum Sie die Kronjuwelen unter Ihren Aktien verkaufen sollten? Weil genau diese die allergefährlichsten Werte in Ihrem Portfolio sein können. Dass Sie solchen Titeln gegenüber eine gewisse Loyalität empfinden, weil Sie gut daran verdient haben, ist nur natürlich. Doch seien Sie gewarnt. Diese Papiere können Ihr Untergang sein. Schauen wir uns an, was Sache war.

Wir standen vor einer erlesenen Sammlung russischer Standardwerte, die fast ausnahmslos enorm angezogen hatten – auf einem Markt, der seinen Wert in nur 18 Monaten verdreifacht hatte, kein so großes Wunder. Der Fonds hielt umfangreiche Positionen in:

- dem Ölriesen Lukoil (plus 184 Prozent in einem Jahr);
- der Nummer zwei im russischen Mobilfunksektor Vimpelcom (plus 154 Prozent);
- GUM Trading House, das wundervolle alte Moskauer Kaufhaus mit seinem spektakulären Standort direkt am Roten Platz (plus 132 Prozent in einem Jahr);
- dem riesigen Telefonmonopolisten Rostelekom und St. Petersburg City Telephone Network, zwei der aussichtsreichsten Telekomwerte, die der Markt zu bieten hatte und die beide im Vorjahr dreistellige Zuwächse verbucht hatten.

Ich hatte also alle Sektoren abgegrast und mir das Beste vom Besten herausgepickt. Ich hätte rundum zufrieden sein müssen und stolz wie Oskar. Stattdessen bekam ich kalte Füße. Man kann nicht auf Dauer eine hohe Wertentwicklung erzielen, indem man sich an überkommene Blue Chips klammert, die keine mehr sind. Man muss die nächste Garnitur Blue Chips finden, bevor sie wirklich welche werden.

Man kann nicht auf Dauer eine hohe Wertentwicklung erzielen, indem man sich an überkommene Blue Chips klammert, die keine mehr sind. Man muss die nächste Garnitur Blue Chips finden, bevor sie wirklich welche werden.

Die guten, bewährten Titel in unserem Portfolio waren nicht wie kostbare Ölgemälde, die garantiert ständig im Wert steigen würden. Sie waren eher wie gut abgehangene Steaks, die verderben konnten, wenn man sie zu lange herumliegen ließ.

Das sagte ich auch den Anteilsinhabern unseres Russlandfonds nach unserem ersten erfolgreichen Geschäftsjahr: „Allein die *Größe* Russlands ist schon schwer vorstellbar. Fliegt man von Moskau aus nach Osten, braucht man neun Stunden bis nach Wladiwostok an der russischen Pazifikküste." Wie für die USA, Brasilien und China galt auch für Russland, dass seine *Größe* Teil seines *Charakters* war.

Auch nach Erleichterung um viele seiner Besitzrechte und -ansprüche aus Sowjetzeiten und aus dem Zarenreich ist Russland nach Fläche immer noch das größte Land der Welt. Es erstreckt sich über neun Zeitzonen, umspannt fast den halben Erdball und hat landschaftlich so ziemlich alles zu bieten, von schneebedeckten Bergen bis zu heißen Sandwüsten, von fruchtbaren Tiefebenen bis zu trockener Savanne, von endloser Tundra bis zu dichten Wäldern.

Sein Rohstoffreichtum ist atemberaubend:

- Es ist weltweit der größte Palladiumproduzent.
- Es ist nach Südafrika der zweitgrößte Platinproduzent.
- Es ist nach Botswana der zweitgrößte Diamantenproduzent.
- Es gehört zu den größten Nickel-, Gold-, Öl- und Erdgasproduzenten der Welt.

Das Positive an einem großen Land ist, dass Unternehmen dort in die Umgebung hineinwachsen können. Sind die potenziellen Binnenmärkte groß genug, ist der Unternehmenserfolg nicht so stark von exportorientierten Strategien abhängig. Man muss keine globale Strategie haben, um erfolgreich zu sein. Die Führungsposition in einer Kategorie im eigenen Land ist schon die halbe Miete. Und wer seinen Heimatmarkt (vorausgesetzt er ist hinlänglich groß und vielfältig) erobern kann, für den ist die Expansion in den Rest der Welt kein solcher Quantensprung mehr.

Negativ ist dagegen, dass große Länder auch entsprechend große Probleme haben. Sie sind behäbig und schwerfällig. Anders als ein Kleinwagen oder ein kleines Land kann ein großer Markt keine schnellen Kehrtwendungen vollziehen.

In Wladiwostok, einem Industriehafen am Japanischen Meer, besuchte ich ein Unternehmen, das Probleme hatte. Seine Kapazitäten waren zu nicht einmal 10 Prozent ausgelastet. Noch ein Jahr zuvor hatte der Produzent von Radio- und Fernsehbauteilen kaum alle Aufträge erfüllen können, da er einen soliden Anteil am russischen Binnenmarkt hatte.

Doch das war vorbei. Der scharfe Wettbewerb durch billigere asiatische Importe (viele aus Ländern, die mit dem Flugzeug gar nicht weit von Wladiwostok entfernt waren) hatte das Elektronikgeschäft des Unternehmens stark unter Druck gesetzt.

Branchenmerkmale sind nicht alles

Doch der Elektronikbauteileproduzent hatte eine positive Einstellung. Das Unternehmen hatte Kontakte in die USA, nach Südkorea und zu europäischen Firmen. Aus diesen Verbindungen war zwar noch nicht viel Geschäft erwachsen – und schon gar keine Geldströme –, doch der Geschäftsführer strahlte Hoffnung, Optimismus und Selbstvertrauen aus.

Nach eigenen Angaben sah er gespannt der baldigen Unterzeichnung eines Vertrags mit einem südkoreanischen Unternehmen entgegen, der die Produktion um 50 Prozent steigern konnte. Weil sein Unternehmen fest in die Weltwirtschaft eingebunden war, hatte sich der Hersteller elektronischer Komponenten mit den neuen globalen Realitäten auseinandersetzen müssen. Objektiv betrachtet war seine Position in verschiedener Hinsicht heikel. Subjektiv agierte er äußerst vorausschauend. Eine weitere, nicht minder wichtige Lehre, die aus alles andere als zufälligen Begegnungen zu ziehen ist: Eine reine Branchenstudie zur Lage eines Unternehmens kann irreführend sein. Ein Besuch vor Ort kann einen ganz anderen Eindruck vermitteln.

Eine reine Branchenstudie zur Lage eines Unternehmens kann irreführend sein. Ein Besuch vor Ort kann einen ganz anderen Eindruck vermitteln.

Reisenotizen: Russland

Juni 2010

In Russland hatten sich Wirtschaft und Aktienmarkt wie in anderen Schwellenländern auch spürbar erholt. Bis Juni 2010 hatten sich russische Aktien vom jüngsten Tief im Januar 2009 beinahe verdoppelt. Obwohl die russische Wirtschaft 2009 um 8 Prozent schrumpfte, wurde für 2010 ein Wachstum von immerhin 4 bis 5 Prozent erwartet, getragen vom steigenden Export.

Wir besuchten unter anderem Unternehmen folgender Branchen:
Getränke: Bei einem führenden russischen Wodkaproduzenten erfuhr ich, dass das Unternehmen viel in Marketing und Werbung investiert hatte, um auf das obere Ende des Wodkamarktes vorzustoßen und den Umsatz seiner Premium-Wodkamarke im In- und Ausland zu steigern. Trotz der staatlichen Initiativen zur Drosselung des Wodkakonsums im Land durch hohe Besteuerung ging das Unternehmen fest davon aus, dass Schläge gegen illegale Wodkaproduzenten (auf die ganze 35 Prozent der Gesamtproduktion entfielen) gesetzestreuen Herstellern wie ihnen zugutekommen würden, auch wenn der Gesamtkonsum sank.
Nahrungsmittel: Im Anschluss besuchten wir einen lebensmittelverarbeitenden Betrieb. Dort war die Steigerung des Marktanteils das große Thema. Der Markt war stark fragmentiert, und das Unternehmen sollte eigentlich Chancen auf organisches und anorganisches Wachstum haben. Abgesehen von Schweinefleisch mit Gewinnmargen von bis zu 40 Prozent waren die Margen in der fleischverarbeitenden Industrie gering. Agrarproduzenten in Russland konnten bis 2012 und womöglich darüber hinaus steuerliche Subventionen in Anspruch nehmen. Auch die Bewertungen wirkten attraktiv. Das größte Risiko bestand aber im hohen

Investitionsaufwand. Das Unternehmen war ganz auf Expansion eingestellt, denn Kreditmittel waren billig, und das Management hielt eine erhebliche Steigerung des Marktanteils für möglich.

Informationstechnologie: Beim Besuch eines Unternehmens aus dem Sektor Informationstechnologie (IT) informierte ich mich über den Fortschritt im russischen IT-Dienstleistungssektor. Unser Gastgeber, der in den Sparten Software-Entwicklung, IT-Dienstleistungen und Computer-Hardware für über 1.000 Unternehmen – darunter staatliche Einrichtungen ebenso wie große Aktiengesellschaften – tätig war, profitierte von den staatlichen Initiativen zur Modernisierung seiner IT-Systeme.

Insgesamt war die Reise nach Russland sehr aufschlussreich. Wir erfuhren erneut mehr über die Anlagechancen dieses Marktes.

Kapitel 12

Pri|va|ti|sie|rung

Der Trend,
der enorme Chancen birgt

Was also hat die Privatisierung zur Umgestaltung von Märkten wie Russland beigetragen? Das klingt nach der trockensten aller bürokratischen Abstraktionen. Schon das Wort allein – *Privatisierung* – kommt mit seinen vielen lateinischen Silben schwer über die Zunge. Doch Privatisierung ist gar nicht so abstrakt. Sie ist ein revolutionärer Trend, der aus guten Gründen um die ganze Welt geht – nicht zuletzt, weil sich nur so der schlummernde Wert zum Scheitern verurteilter Staatsbetriebe freisetzen lässt, die lange Zeit wie schwarze Löcher Kapital eingesaugt haben, statt welches zu generieren.

Das galt nachweislich nicht nur für ehemals kommunistische und sozialistische Länder und Schwellenmärkte, sondern auch für Industrieländer. Großbritannien und Frankreich verdienten ein Vermögen an der Privatisierung ihrer staatlichen Telefongesellschaften, und nebenbei wurde sogar noch der Service besser.

Privatisierung war der Motor, der den Löwenanteil der Schwellenländer in aller Welt vorangebracht hat. So warfen beispielsweise lateinamerikanische Aktienfonds im ersten Halbjahr 1997 weltweit mit die höchsten annualisierten Erträge ab. Warum? Die Aktienmärkte Brasiliens, Argentiniens, Mexikos, Venezuelas, Kolumbiens, Chiles und Perus wurden allesamt durch eine Privatisierungswelle angeheizt.

In Brasilien machte die pauschale Verschiebung etlicher maßgeblicher Unternehmen wie Telebras (nationale Telefongesellschaft), Eletrobras (staatlicher Stromversorger) und Petrobras (staatliche Ölgesellschaft) vom öffentlichen in den privaten Sektor Schlagzeilen.

Auf die Plätze, fertig – los

Der frühe Einstieg in frisch privatisierte Unternehmen gehört zu den besten Methoden, von der anschließenden Freisetzung von

Wert zu profitieren. Solche Situationen lassen sich allerdings oft nicht ganz einfach einschätzen, denn manche Länder (und manche Zentralregierungen) manipulieren das Verfahren, damit Insider profitieren können. Andere vermasseln es in weniger korrupter Absicht, was dem Shareholder Value aber dennoch verheerende Schäden zufügen kann.

Der frühe Einstieg in frisch privatisierte Unternehmen gehört zu den besten Methoden, von der anschließenden Freisetzung von Wert zu profitieren.

Für institutionelle Investoren ist ein Besuch bei Unternehmen in frühen Privatisierungsstadien – generell vor der Notierung der Aktien an internationalen Börsen – fast so gut wie ein Blick in die Zukunft. Ein vergleichbarer Schritt für einen Kleinanleger wäre der lokale Erwerb von Aktien, wenn diese schon früh im Privatisierungsprozess an einem Lokalmarkt notieren. Sind die Bewertungen reizvoll, kann ein Engagement beim Börsengang sinnvoll sein.

Die Privatisierung ermöglicht es Staaten, die durch unrentable staatsgelenkte Wirtschaftszweige belastet sind, die nötigen Investitionen hereinzuholen, um die angeschlagenen Riesen herumzureißen. Das Märchen vom schlafenden Frosch, der von einer Prinzessin geküsst wird und sich in einen Prinzen verwandelt, ist vielleicht eine romantisch verklärte Analogie, doch weil die Privatisierung längst vergessene Schätze aus rostigen Unternehmenstruhen hervorholen kann, deren Schlüssel der Staat vor langer Zeit verlegt hat, ist sie in der Lage, ganz ähnliche Wunder zu vollbringen. Der Reiz dabei ist natürlich, diesen Schlüssel zu finden. Der Königsweg in den Wohlstand führt mehr über Anreize als über Geld.

Rentable Anlagen auf Schwellenmärkten erfordern eine gründliche Analyse des Privatisierungsprozesses, denn der richtige Zeitpunkt kann den Unterschied zwischen einer guten und einer schlechten Investition ausmachen. Der Kauf muss zum richtigen Moment im Privatisierungsprozess erfolgen. Der rechtzeitige Einstieg in die Privatisierungskurve ist ausschlaggebend für das künftige Erfolgspotenzial.

Und so geht's

Im Zuge des klassischen Privatisierungsmodells werden Staatsbetriebe, die eine Privatisierung anstreben, oft von ihren nach wie vor öffentlichen Eigentümern angewiesen, sich nach einem starken strategischen Partner umzuschauen – in aller Regel einem führenden Unternehmen aus derselben Branche wie der Privatisierungsanwärter.

Dahinter steht der Gedanke, dass das resultierende Joint Venture die technischen und managementbezogenen Vorteile genießen kann, die der strategische Partner mitbringt. So können die meist vorsintflutlichen, grobschlächtigen Dinosaurier in schlanke, schlagkräftige High-Tech-Maschinerien verwandelt werden.

Die häufig verwendete Bezeichnung *strategischer Investor* klang für mich auch nicht ansprechender als der gefürchtete Terminus *Emissionshaus*, der die Investmentbanker beschreibt, die die Emission neuer Aktien im Auftrag neuer Unternehmen begleiten. Sie setzen in aller Regel höhere Preise fest, als ich zahlen möchte.

Im Großen und Ganzen waren meine Erfahrungen mit strategischen Investoren nicht besonders berauschend. Wieso? Ein

Portfolioinvestor wie wir möchte Geld verdienen. Einem strategischen Investor dagegen geht es um Macht.

Bei den meisten staatlichen Privatisierungsprogrammen waren die nationalen Telekommunikationsgesellschaften die ersten, die privatisiert wurden. Das liegt an den hohen Einnahmen, die aus dem Verkauf von Telekomunternehmen zu erzielen sind. Die zur Modernisierung der Anlagen auf internationalen Standard erforderlichen Investitionen sind dagegen in aller Regel so hoch, dass nur ein finanzkräftiger, liquider strategischer Partner der Aufgabe gewachsen ist, die klapprigen Schrottmühlen wieder in Gang und auf Touren zu bringen.

In den 1990er-Jahren etwa hoffte das estnische Ministerium für Post und Kommunikation auf einen Partner, der sich bereit zeigte, das gesamte Telefonsystem des Landes zu modernisieren – nicht nur das städtische Netz. Das war der sprichwörtliche Pferdefuß, denn obwohl die Versorgung dichter besiedelter Stadtgebiete eindeutig gewinnträchtiger war, konnte die Regierung den maßgeblichen Bevölkerungsanteil schlecht ignorieren, der auf dem Land lebte. Dort hatten viele seit Jahrzehnten auf Wartelisten gestanden, um eines Tages endlich ein eigenes Telefon zu erhalten.

Diese Entscheidung wollen wir etwas genauer unter die Lupe nehmen, denn sie ist für jeden ausländischen Investor ausschlaggebend, ob groß oder klein. Warum werden solche Unternehmen oft vom Gesetzgeber gezwungen, einen strategischen Partner zu suchen? Nun, genau wie da Management eines zum Verkauf stehenden Privatunternehmens dieses aufpolieren würde, um einen möglichst guten Preis zu erzielen, hätte ein staatlicher Eigentümer normalerweise folgende Ziele:

- Den Erlös aus der Privatisierung zu maximieren.
- Die Leistungen des Unternehmens zu verbessern und so politisch besser dazustehen.

Gewöhnlich werden dem neuen Unternehmen dann bestehende politische Altlasten aufgebürdet. Die jeweilige Regierung sagt beispielsweise zu dem strategischen Investor: Treffen wir eine Vereinbarung. Wir geben euch die Chance, einen Haufen Geld zu verdienen. Als Gegenleistung für diese Chance (die wir für eine gewisse Zeit garantieren, indem wir das Monopol fortbestehen lassen, das der staatliche Vorläufer des gegenwärtigen Unternehmens genoss) müsst ihr ein paar nicht verhandelbare Forderungen erfüllen:

1. Ihr dürft nicht nur den Leuten Dienstleistungen anbieten, die dafür ordentlich zahlen können.
2. Ihr müsst flächendeckend alle versorgen, auch wenn das mit Verlusten verbunden ist.

Läuft alles gut, kann eine vernünftig durchgeführte Privatisierung für alle Beteiligten eine Win-win-Situation sein – vom Staat über die Manager, Kunden, Emissionshäuser (Investmentbanken) bis hin zu Menschen wie Ihnen und mir – und ausländischen Investoren ganz allgemein.

Was solche Anlagen interessant macht

Solche Privatisierungen stellen (vorausgesetzt, man steigt früh genug ein) deshalb interessante Anlagen dar, weil eine Kombination aus höheren Investitionen – durch Menschen, die die Aktien kaufen, *und* den strategischen Partner, sofern es einen gibt – bei

PRI | VA | TI | SIE | RUNG

besserem Management nahezu unweigerlich zu höherer Produktivität führen. Ich sagte, *nahezu* unweigerlich – nicht immer. Mit dem Kauf von Aktien eines Unternehmens setzen Sie stets auf dessen langfristige Zukunftsaussichten. Der Kurs der Aktie stellt in Wirklichkeit nur die durchschnittliche Bandbreite der Einschätzungen potenzieller Käufer und Verkäufer zum künftigen Wert der Aktien dar.

Staatliche Telekom-Gesellschaften auf Schwellen- oder, mehr noch, auf Grenzmärkten zeichnen sich gewöhnlich durch niedrige Durchdringungsraten, überhöhte Preise für den Durchschnittsbürger und schlechte Leistungen aus. Wie an anderer Stelle bereits erwähnt, gehen wir für Industrieländer bei Mobilfunkdiensten in aller Regel quasi selbstverständlich von einer Marktpenetration von über 90 Prozent aus. In Nigeria lag diese beispielsweise bei 55 Prozent, in Bangladesch sogar nur bei 46 Prozent!

Für klamme Schwellenländer stellen Privatisierungen eine Möglichkeit dar:

- ihre antiquierten Telefonnetze zu Geld zu machen, deren Modernisierung Millionen verschlingen würde;
- die Telekom-Lücke so schnell und effizient wie möglich zu schließen – fast ohne Kosten für den Steuerzahler.

Niedrige Telekom-Durchdringungsraten stehen für enorme Wachstumsaussichten. (Investoren *mögen* Telekom-Unternehmen, die ganz unten anfangen, denn das steigert lediglich ihr Aufwärtspotenzial.)

Die nächste Welle der Privatisierung staatlicher Betriebe nach den Telekommunikationsfirmen erfasst gewöhnlich Versorger. Sie sind in aller Regel riesengroß und unproduktiv und benötigen hohe Summen, um ihre Rentabilität wiederherzustellen. Positiv ist aber, dass ihre Kosten, sobald die Infrastruktur einmal geschaffen ist, bei gutem Management gedrückt werden können und dass die Rentabilität ordentlich gesteigert werden kann. Versorger sind nicht unbedingt sexy, aber unter Umständen durchaus vielversprechend. Bei einem Versorgungsunternehmen sollten Sie sich drei Hauptfragen stellen:

1. Wie stark ist es reguliert?
2. *Wenn* es reguliert ist (und das sind die meisten), wie stark ist es dadurch belastet?
3. Wenn es *keiner* staatlichen Regulierung unterliegt, kann das daran liegen, dass es kein Monopol mehr genießt. Und in diesem Fall lautet die entscheidende Frage: Kann es im Wettbewerb bestehen?

Die Anlage in ein gerade privatisiertes Unternehmen kann also erhebliche Gewinne bringen, weil man im Frühstadium der Entwicklung einsteigt. Wird der Betrieb effizienter und produktiver, steigt die Rentabilität, und im Anschluss ziehen auch die Aktienkurse an. Es ist daher klug, laufend Ausschau nach solchen Unternehmen zu halten – vor allem auf Grenzmärkten.

Kapitel 13

Vom Aufschwung zum Abschwung

Wie, wann und warum?

Beim ersten heftigen Ausbruch der asiatischen Finanzgrippe in Thailand im Sommer 1997 nach Jahren der praktisch unbegrenzten Kreditströme in spekulative Immobilienprojekte wirkten die dortigen Banken zunehmend wackelig – zumindest auf den unbeteiligten externen Beobachter.

Die drei Warnzeichen für eine Krise

Hier sind drei Alarmsignale, die manchmal das Abklingen eines Booms – jedweder Art – ankündigen:

1. *Die Leistungsbilanz eines Landes ist gefährlich schwach.* In der Leistungsbilanz werden die Zahlungen, die ein Land nach außen leisten muss, allen seinen Einnahmen gegenübergestellt. Gerät sie aus dem Gleichgewicht, ist das ein schlechtes Zeichen. Kippt sie, weil die Spalte mit den Nettoabflüssen Übergewicht bekommt, sollten globale Anleger allmählich nervös werden.
2. *Die Inflation zieht an.* Wenn die Inflationsrate in einem Land in die Höhe schießt, ist das ein ernstes Warnsignal, denn Zentralbanken reagieren darauf gewöhnlich mit einer Anhebung der Zinsen, die einen Konjunkturabschwung auslösen kann.
3. *Unternehmen nehmen hohe Dollarkredite auf, weil sie davon ausgehen, dass sie diese leicht tilgen können, wenn die Lokalwährung zulegt.* Das tun Unternehmen, wenn die Zinsen für Fremdwährungskredite günstiger sein könnten als für Verbindlichkeiten in der Landeswährung.

Drei Warnzeichen für einen Abschwung:
gefährlich schwache Leistungsbilanz, rasch anziehende
Inflation und hohe Schulden in Fremdwährungen.

Was geschah in Thailand?

Im Falle Thailands nahmen Unternehmen hohe Fremdwährungskredite auf, weil US-Dollar-Kredite zu niedrigeren Zinsen vergeben wurden als auf thailändische Baht lautende. Mit den geliehenen Dollars kauften sie Baht zu einem günstigeren Kurs, und die Gewinne aus dem Zinsgefälle strichen sie ein. Das war leicht verdientes Geld, solange der Baht hoch blieb. Jedes Anzeichen für Baht-Schwäche würde dieses Währungskartenhaus aber zum Einsturz bringen. Tatsächlich spekulierte das ganze Land auf die Stärke der eigenen Währung, und das wirkte 1997 allmählich riskant.

Die großen Geschäftsbanken beschlichen – zweifelsohne auf Hinweise von der thailändischen Zentralbank – erste Befürchtungen, der Baht könne schwächer sein als ursprünglich angenommen. Das Problem bei Währungen ist, dass vermeintliche Schwäche schnell zu tatsächlicher Schwäche werden kann. Je mehr Akteure die Gefahr einer Abwertung des Baht wahrnahmen, desto größer wurde die Wahrscheinlichkeit, dass er tatsächlich fiel.

Und was geschah dann? Nun, ein abgewerteter Baht machte es all den thailändischen Unternehmen schwerer, all die US-Dollar-Kredite zurückzuzahlen, denn sie mussten nun viel mehr Baht einnehmen, um die Dollarschulden zu tilgen. Das waren niederschmetternde Nachrichten für überschuldete Unternehmen – und dazu gehörten manche der größten des Landes –, deren

Verbindlichkeiten rasch ihre Vermögenswerte überstiegen. Das wiederum machte die Banken noch nervöser. Sie verlängerten solche Kredite infolgedessen immer unwilliger, weil sie selbst große Löcher in ihren Bilanzen gähnen sahen und versuchen, möglichst viele Darlehen fällig zu stellen, um den eigenen Untergang abzuwenden.

Unter diese angespannten, ängstlichen Akteuren, die Nägel kauend auf die nächste Hiobsbotschaft warteten, mischten sich unbemerkt ein paar Damen und Herren, die kollektiv unter der Bezeichnung Forex-Trader laufen. Wie schon angesprochen, werden sie auch weniger freundlich Währungsspekulanten genannt. Dieser Begriff verfing, weil er mehr nach dem klang, was sie tun.

Was aber tun sie eigentlich? Sie kaufen und verkaufen die Währungen verschiedener Länder, klar. Früher einmal waren die meisten Währungen an den Goldstandard gebunden, der zuletzt nach dem Zweiten Weltkrieg im Bretton-Woods-Abkommen festschrieben wurde. 1971 gaben die meisten einflussreichen Industrieländer der Welt ihre Wechselkurse frei. Das bedeutete, dass sich deren Niveau fürderhin auf den globalen Märkten bestimmen würde und man mit Währungen genauso handeln konnte wie mit jeder anderen Ware. Dennoch fristete der Devisenhandel bis Mitte der 1980er-Jahre eher ein Schattendasein. Damals sorgte ein kräftiger Anstieg des Außenhandelsvolumens dafür, dass immer mehr Geld durch die Welt schwirrte und fortgesetzt gegen Lokalwährungen eingetauscht wurde, wenn man dafür bestimmte Waren oder Leistungen nicht mehr kaufen konnte. Einen Eindruck vom Umfang dieses Wachstums liefern folgende Zahlen: Der Tagesumsatz im Devisenhandel schoss zwischen 1986 und 1998 von 190 Milliarden auf geschätzte 1,3 Billionen US-Dollar in die Höhe.

Als dieser Markt anwuchs, spekulierten erste Trader – mit hohen Kreditlinien von Banken, Maklern und anderen Finanzunternehmen, die sich in einem Bereich etablieren wollten, der äußerst lukrativ sein kann – auf diese schwankenden Wechselkurse. Dabei stützten sie sich auf Computerprogramme und Modelle, die es ihnen ermöglichen, enorme Mengen an Devisen auf Knopfdruck zu bewegen. Trader handeln auf Margin und stellen daher nur einen Bruchteil der Fremdwährungssummen, die sie kaufen und verkaufen. Tausende von Devisenhändlern sitzen in aller Welt vor Computermonitoren – manche im Auftrag von Banken, andere arbeiten für Makler, Unternehmen oder Zentralbanken – und beeinflussen mit zahllosen Kauf- und Verkaufsorders den Wert vieler Währungen, die ganz ähnlich gehandelt werden wie Aktien, Anleihen und Finanzinstrumente aller Art.

Dennoch versuchen die Zentralbanken vieler Länder immer wieder – häufig vergeblich – die Kurse festzusetzen, zu denen ihre Währungen auf den globalen Märkten gegen andere getauscht werden, um ihre eigene Volkswirtschaft zu stützen. Eine Regierung, die den Export fördern möchte, wird den Wechselkurs senken, damit die eigenen Exportgüter preislich interessanter werden. Eine Zentralbank, die den Import ankurbeln will, wird ihre Währung stärken, indem sie auf den Devisenmärkten große Mengen der eigenen Währung aufkauft.

Fixiert ein Land einen Kurs, zu dem seine Währung gegen die Währungen anderer Länder eingetauscht werden muss, nennt man das eine feste Wechselkursbindung. Eine solche Koppelung – gewöhnlich an eine stabile Reservewährung wie den US-Dollar – wurde in diversen asiatischen und lateinamerikanischen Ländern populär, die in ihren von Turbulenzen und Hyperinflation geplagten Volkswirtschaften für Stabilität sorgen wollten. Verfügt die Zentralbank eines Landes über ausreichende Reserven an harter Währung, um den Wechselkurs zu stützen, den sie anvisiert, indem sie auf dem offenen Markt für hohe Beträge einkauft, dann halten solche Kursbindungen. Doch das ist nicht immer der Fall. Wenn sie nicht halten, liegt das gewöhnlich daran, dass die Devisenhändler den Kurs, der von der Zentralregierung eines beliebigen Landes für seine Währung gefordert wird, nicht mehr für glaubwürdig halten. Und was geschieht dann?

Der Teufelskreis des Leerverkaufs

Die Devisenhändler fangen an, die betreffende Währung leerzuverkaufen. Das bedeutet, sie schließen mit jemand anderem eine Wette ab, dass die Währung fallen wird. Was aber meine ich mit *leerverkaufen* – ob bei Aktien oder beim thailändischen Baht? Damit meine ich, „etwas verkaufen, das man gar nicht besitzt, zu einem Preis, den man nicht zahlen will."

Leerverkäufer tun Folgendes:

1. Sie leihen sich Aktien, Anleihen, Währungen oder was auch immer von den Eigentümern.
2. Sie verkaufen die geliehenen Aktien et cetera und hoffen dabei auf fallende Kurse.
3. Sie kaufen die Aktien oder Währungen zu einem niedrigeren Kurs zurück (wenn der Kurs denn fällt).
4. Sie stecken die Differenz in die eigene Tasche.

Die „Shorts" – eine Kurzbezeichnung für Leerverkäufer – gehen das Risiko ein und wetten, dass der Kurs irgendeiner Ware, die sie verkaufen, innerhalb einer bestimmten Frist um einen bestimmten Betrag fällt. Wenn aber der Preis dieser Ware eben nicht fällt, sondern steigt, werden sie kalt erwischt und müssen die Differenz aus eigener Tasche draufzahlen. Solche Geschäfte sind also keinesfalls eine Win-win-Situation. Manchmal stehen die Leerverkäufer am Ende selbst mit leeren Händen da.

Doch wenn sich genügend Devisenhändler finden, die den Eindruck bekommen, dass der thailändische Baht oder der mexikanische Peso zum aktuellen oder geltenden Kurs überbewertet sei und abrutschen dürfte, dann führen ihre Handlungen insgesamt zu genau diesem Effekt. Das ist ein Paradebeispiel für die Neigung der Märkte, die im Grunde auf Psychologie – auf Hoffnung und Gier – basieren, zu selbsterfüllenden Prophezeiungen. Am Ende wird die Währung nachgeben. Die Zentralbank des betreffenden Landes hat dann zwei Möglichkeiten:

1. Aufgeben und die Währung frei floaten lassen, damit sie ihr neues natürliches Niveau findet.
2. Kämpfen und die Devisenreserven heranziehen, um den Baht, den Peso oder die jeweils betroffene Währung zu verteidigen.

Der Baht gerät ins Trudeln

Die thailändische Zentralbank – die Bank of Thailand – beschloss am 2. Juli 1997, die Bindung an den US-Dollar aufzuheben (wobei kein fester Kurs fixiert worden war, sondern ein sogenanntes Handelsband – eine begrenzte Schwankungsbreite) und die Währung auf den internationalen Devisenmärkten frei schwanken zu lassen. Wie erwartet – wenn auch womöglich nicht von der Zentralbank – geriet der Baht in freien Fall. In den nächsten Wochen verschoss die thailändische Zentralbank in einem schlecht beratenen und am Ende fruchtlosen Versuch, den Baht zu stützen, rund 60 Milliarden US-Dollar (davon 23 geliehene), bevor sie das Handtuch warf. Danach war der Baht ganz auf sich allein gestellt und fiel wie ein Stein. Ein US-Dollar kostete bald nicht mehr 20, sondern 50 Baht. Für Kreditnehmer in US-Dollar hatten sich die Schulden dadurch binnen kürzester Frist verdoppelt. Als globale Investoren – Banken, institutionelle Investoren, Fonds und Einzelanleger – sahen, was in Thailand vor sich ging, nämlich dass die große Mehrheit der Unternehmen auf Dollar lautende Schulden hatte, die ihre Vermögenswerte überstiegen, und dass die thailändischen Banken und sogenannten Finanzunternehmen, die solche Kredite ausgereicht hatten, große Schwierigkeiten bekommen würden, taten sie, was globale Investoren in Krisenzeiten immer tun: Sie zogen ihr gesamtes Geld ab, bevor noch größere Verluste eintraten.

In der anschließenden Ansteckungsphase der Währungskrise – so bezeichnet, weil der Absturz des Baht ähnlich instabile Währungen von Malaysia bis Indonesien ins Rutschen brachte – fielen scharenweise zornige Menschen aus diesen Ländern (darunter auch viele Regierungschefs südostasiatischer Länder) über die Devisenhändler her und bezichtigten sie einer Verschwörung zur Vernichtung ihrer einst so hochfliegenden asiatischen Tigervolkswirtschaften.

Populärster Verfechter dieser Verschwörungstheorie war der malaysische Premierminister. Er hatte stolz über das gewaltet, was lange Zeit als malaysisches Wirtschaftswunder bekannt war, und hatte wenig Lust, als der Mann in die Geschichtsbücher einzugehen, der den Vorsitz über den Zusammenbruch des besagten Wirtschaftswunders führte.

Er gelangte zu der Überzeugung, dass die rasante Talfahrt der malaysischen Währung, des Ringgit, das Resultat dieser arglistigen

Verschwörung etlicher teuflischer Forex-Trader sein musste. Als Moslem ging er sogar so weit, diesen Kreis als „jüdische" Verschwörer zu betiteln – unter anderem weil der augenfälligste und berühmteste Devisenhändler überhaupt, George Soros, zufällig Jude war.

Wenn Sie das befremdlich finden, erinnern Sie sich doch bitte an die 1960er-Jahre, als dem britischen Pfund Sterling ein ähnliches Schicksal widerfuhr und Premierminister Harold Wilson eine Intrige Schweizer Bankiers dafür verantwortlich machte, die er wüst als „Zürcher Zwerge" beschimpfte, weil sie ihm das Leben schwer machten.

Nachdem der Baht in eine verheerende Abwärtsspirale geraten war, stellten die thailändischen Banken – die jetzt auf hohen auf Baht lautenden Kreditforderungen saßen, deren Rückzahlung lange nicht mehr so sicher schien – die Kreditvergabe komplett ein, was das rasante Wirtschaftswachstum abrupt ausbremste. Die neu entdeckte konservative Mentalität stand in krassem Gegensatz zur bisherigen Praxis der praktisch grenzenlosen Kreditausreichung an einfach jeden – und vor allem an jeden, der „jemand war", also politische oder gesellschaftliche Verbindungen zum Militär, zur Bürokratie, zur Wirtschaft oder zur Führungsspitze hatte.

Der Gefälligkeitskapitalismus
Es gab dafür sogar ein Wort: *Gefälligkeits- oder Klientelkapitalismus*. Erfunden hatte das ein cleverer US-Journalist, um die traulichen Kartelle zu beschreiben, die sich unter dem inzwischen verstorbenen, doch nicht übermäßig schmerzlich betrauerten Ferdinand Marcos auf den Philippinen herausgebildet hatten. In diesem Fall bezeichnete es das in Südostasien bevorzugte Wirtschaftssystem,

in dem Kartelle und Konzerne mit guten Kontakten zur Regierung oder zur Armee die Wirtschaft beherrschten. In Südkorea hießen solche Kartelle *Chaebol*. In Japan nannte man sie vor dem Zweiten Weltkrieg *keiretsu* oder *zaibatsu*. In Russland waren es die *semibankirschina*. Das bedeutete „Herrschaft der sieben Bankiers". Nach dieser Theorie wurde eine wachstumsintensive Wirtschaft am besten von einer Regierungselite aus Militär- und Staatsvertretern, Banken, Wirtschaftsbossen und anderen Begünstigten geführt, die den Begriff und das Konzept der sogenannten asiatischen Werte populär machten. Das ging gut, solange die betreffenden Regierungen und Volkswirtschaften ihre Versprechungen einlösen konnten – in Form hoher Wachstumsraten. Doch sobald die Musik bei dieser Reise nach Jerusalem aussetzte, galten dieselben Funktionäre und Vettern, die so viel für sich abgeschöpft hatten, plötzlich als Betrüger und Schurken.

Es stellte sich heraus, dass es so etwas wie asiatische Werte gar nicht gab. Es gab nur gerechte, offene und transparente Wirtschaftssysteme und ungerechte, unzugängliche und undurchsichtige.

Wie, wann und warum eine Krise entstehen kann, ist nicht ganz einfach zu erklären. Aber Sie erkennen sie jetzt hoffentlich, wenn Sie eine sehen. Befassen wir uns nun also damit, wie Sie davon profitieren können.

Kapitel 14

Immer schön sachlich bleiben

Wie Sie aus Panik Kapital schlagen können

Wie beginnt eine Panik? Was passiert dabei wirklich? Und was kann ein Anleger tun, der vom Abwärtstrend erfasst wird oder aus der Panik Profit ziehen möchte?

Vor allem anderen müssen Sie eins beherzigen: Nicht in Panik geraten. Panik ist schließlich eine irrationale, instinktive Reaktion auf ein Gefühl der Macht- und Hilflosigkeit, das oft daraus entsteht, dass man die eigentlichen Umstände nicht richtig begreift. Dabei braucht man vor Panik keine Angst zu haben, so seltsam sich das anhört.

Wie Franklin Roosevelt während der Weltwirtschaftskrise gesagt hat: „Das Einzige, was wir fürchten müssen, ist die Furcht selbst." Wer die Ursache eines Problems versteht, hat oft weniger Angst. Und in jeder entscheidenden Hinsicht beginnt jeder Einbruch mit einem Aufschwung. Wieso? Weil jedem Einbruch der zunehmende Eindruck vorausgeht, dass ein Markt zu schnell zu hoch gestiegen ist.

Dieselben Leute, die gerade noch so begeistert von dem Markt und jeder seiner Aktien waren, dass sie ihre eigene Großmutter dafür verkauft hätten, wollen plötzlich nichts mehr damit zu tun haben. Objektiv betrachtet ist diese wetterwendische Einstellung absolut nicht nachvollziehbar. Doch dabei lassen wir außer Acht, dass wir von Gefühlen beherrscht werden, die uns in aller Regel zu spontanen Urteilen verleiten. Gefühle sorgen dafür, dass wir nur noch schwarz-weiß sehen, Gut und Böse, Auf und Ab. Was gerade noch gut war, ist plötzlich schlecht. Was tut man unter solchen Umständen?

Warten Sie auf die Panik und den unvermeidlichen Kursrutsch. Und steigen Sie dann ruhig und überlegt ein.

Warum? Weil es sich für Sie lohnt, ein Risiko einzugehen, denn die kurzfristige Stimmung ist stark überzogen. In der Wahrnehmungslücke zwischen Emotion und Vernunft liegt Ihr Kauffenster.

In der Wahrnehmungslücke zwischen Emotion
und Vernunft liegt Ihr Kauffenster.

Interessieren Sie sich für alle Informationen, die Sie auftreiben können

Um sich vor bösen Überraschungen zu schützen, betreiben manche Kristallkugelleser unter den Börsianern ein mathematisches Ritual, das sie technische Analyse nennen und von dem sie sich prognostische Hinweise auf solche massiven Markteinbrüche erhoffen.

Diese Art der Analyse ist ein weiteres Hilfsmittel zum tieferen Verständnis des Marktgeschehens. Dabei geht es um das Studium von Kursbewegungen auf allen möglichen Märkten, die Aktienmärkte eingeschlossen. Der Prozess unterscheidet sich von der fundamentalen Analyse solcher Variablen wie Kurs-Gewinn-Verhältnis, Gewinnen, Erträgen, Marktanteil und anderen Faktoren mit Auswirkungen auf die Leistung eines Unternehmens, da er allein auf die *Kurse* der Aktien ausgerichtet ist.

Wie bereits angesprochen, begann ich mein Studium der Aktienmärkte, als ich zu Anfang meiner Karriere als Berater in Hongkong arbeitete, mit der technischen Analyse. Aus Sicht der Charttechniker gibt es bestimmte erkennbare Muster in der grafischen Darstellung von Kursbewegungen, die uns helfen können, vorauszusehen, wie sich der Kurs künftig entwickelt. Bei dem bereits erläuterten Crash in Thailand lag eine Chartformation vor, die als „Quadruple Top" bezeichnet wurde – vier Hochs in Folge, bevor der Markt abstürzte. Solche Muster sind ungewöhnlich, denn einem Crash geht meistens die bereits erwähnte Kopf-Schulter-Formation voraus – oder aber ein Doppel- oder Dreifachtop. Ein Vierfachgipfel spricht in der Regel für eine schwerwiegende und drastische Bewegung, wie sie in Thailand zu beobachten war.

Auf volatilen Märkten kann die technische Analyse einem Anleger, der sich gegen den Trend stellen möchte, die Ermittlung der richtigen Ein- und Ausstiegszeitpunkte erleichtern, sofern klare wertbezogene Fundamentaldaten vorliegen. Entscheidend ist: Wenn sich alle förmlich um ein Marktengagement reißen, Aktien aber zu teuer sind, ist der ideale Ausstiegszeitpunkt. Wenn aber alle die Flucht ergreifen und Aktien billig sind, ist der richtige Einstiegszeitpunkt.

> **Wenn sich alle förmlich um ein Marktengagement reißen, Aktien aber zu teuer sind, ist der ideale Ausstiegszeitpunkt. Wenn aber alle die Flucht ergreifen und Aktien billig sind, ist der richtige Einstiegszeitpunkt.**

Das Beispiel China Telecom

Ich erinnere mich noch an den Hype um den Börsengang von China Telecom im Jahr 1997, während der asiatischen Finanzkrise.

Aus der *New York Times* sprach der Zeitgeist, als sie schrieb: „Für Anleger, die immer noch bereit sind, sich auf eine wilde Fahrt in Asien einzulassen, gibt es kaum zwei ansprechendere Wörter als ‚China Telecom'." (China Telecom wurde 1999 zerschlagen und als China Mobile wiedergeboren.)

Die Analysten von Maklerhäusern hatten den Titel als heißestes „Red Chip"-IPO seit der Übergabe bezeichnet – als Hongkong an China zurückfiel. („Red Chips" sind Aktien von Unternehmen auf dem chinesischen Festland, die an der Hong Kong Exchange notieren.) Selbst als Hongkongs Finanzminister öffentlich betonte, es gebe „keine politische oder wirtschaftliche Notwendigkeit für uns, die Bindung des Hongkong-Dollars an den US-Dollar aufzuheben", versicherte einer der renommiertesten, auf Hongkong-Aktien spezialisierten Analysten vollmundig, ein Engagement in China Telecom sei ein „Selbstläufer" – mit garantierten Gewinnen für alle Käufer der Aktie.

„Die Emission ist 300-fach überzeichnet", schwadronierte er sichtlich begeistert. „Das ist eine brandheiße Geschichte. Ich würde so viel kaufen, wie ich kriegen kann. Der Graumarkt sagt, dass sich Ihr Kapital an einem Tag verdoppeln wird. Das ist ein 100-prozentiger Aufschlag auf den Marktkurs."

Wenn Sie Begriffe wie „Selbstläufer" oder „heiße Emission" hören, sollten Sie misstrauisch werden.

Die Emission war am Ende nicht 300-fach, sondern nur 30-fach überzeichnet. Zwei Tage später, als der Hang Seng Index wie Blei ins Bodenlose stürzte, lag der Eröffnungskurs von China Telecom bei 10 Hongkong-Dollar – unter dem Emissionskurs von 11,68 Hongkong-Dollar. Die vielgepriesene Emission mit einem Volumen von 4 Milliarden US-Dollar hätte den Red Chips im Hongkong nach der Rückgabe den Weg bereiten sollen.

Doch im Herbst hatte sich der überhitzte Markt für Red Chips spürbar abgekühlt. Als der schwarze Oktober kam, hatten Red Chips auf ihre Ende August verzeichneten Höchststände 40 Prozent eingebüßt. Was war zu tun? Nun, als Erstes traf ich mich mit ein paar Spitzenmanagern von China Telecom. Wenn die Zahlen stimmten, sahen sie wirklich gut aus.

China Telecom war dem Hochglanzprospekt zufolge, der von dem Konsortialführer des Börsengangs professionell vorbereitet worden war, der „dominierende Anbieter von Mobilfunkdienstleistungen in den Provinzen Guangdong und Zhejiang, die zu Chinas wirtschaftlich am höchsten entwickelten Provinzen mit der größten Zahl an Mobilfunkkunden gehören." Anders ausgedrückt, die Crème de la crème der Mobiltelefonie. Aber das war noch nicht alles. Die chinesische Telekommunikationsbranche war in den letzten Jahren rasant gewachsen, und der Mobilfunkdienstleistungssektor verzeichnete die höchsten Wachstumsraten der Branche. Was sprach also dagegen? Immerhin war die Anzahl der Mobilfunkkunden von China Telecom in den vorangegangenen drei Jahren um 88 Prozent pro Jahr gestiegen. Der kräftige Wachstumstrend sollte nach Angaben des Managements anhalten. Hinzu kam, wie es das Emissionshaus in seiner Werbung für die Aktie formuliert hatte: „Im Grunde kaufen Sie ein Monopol."

Von den Erschütterungen und Turbulenzen auf den asiatischen Märkten einmal ganz abgesehen, die ich gelassen als vorübergehendes Epiphänomen betrachtete, war der Erwerb von China Telecom zum hohen Erstausgabekurs aber trotz der eifrigen Zusicherungen des Emissionshauses keinesfalls ein Selbstläufer.

Das galt ungeachtet des – angeblichen – Graumarktaufschlags von 100 Prozent auf den Kurs. Der Graumarkt ist, nebenbei bemerkt, ein Markt für Aktien, die bestimmten Zeichnern zum Erstausgabepreis zugeteilt wurden, welche ihre Pakete dann umgehend an Interessenten abgeben, die bereit sind, die Papiere noch vor der eigentlichen Notierung mit einer hohen Prämie zu erwerben.

Die kleinen Antennen auf meinem Kopf vibrierten wie eine Stimmgabel und fingen Warnsignale auf. Im besten Fall wurden die Vermögenswerte von China Telecom im Vergleich zu ähnlich aufgestellten Mobilfunkunternehmen in anderen Ländern sehr hoch angesetzt.

Natürlich war ein Engagement in dieser Aktie für alle Beteiligten eine Wette auf die Zukunft. Für mich aber war das heutige Kurs-Gewinn-Verhältnis nicht so bedeutsam wie das Kurs-Gewinn-Verhältnis in fünf Jahren. Damit dieses einigermaßen interessant wirken konnte, hätte China Telecom enorme Steigerungen beim Umsatz – nicht bei den Kundenzahlen – erzielen müssen. Und selbst dann reichte es nicht, höhere Zahlen oder Marktanteile vorzuweisen. Es waren die Gewinnsteigerungen, auf die es ankam.

Ich muss anerkennend sagen, dass mich die Manager von China Telecom beeindruckt haben. Ich hatte keinen Zweifel, dass das Unternehmen unter dieser ganz offensichtlich fähigen Führung auf seinem Lokalmarkt florieren würde. Ich hatte aber gewisse Bedenken im Hinblick auf die Aussichten auf langfristige Umsatzsteigerungen. Schlicht gesagt, je mehr Mobilfunkdienste zum Massenmedium wurden, desto größer die Wahrscheinlichkeit, dass die Preise – und vermutlich auch die Gewinne – fielen.

Die Frage war: Konnte mehr Volumen einen Rückgang des Umsatzes pro Kunde ausgleichen? Bezog man den Rummel, der gewöhnlich um solche Red-Chip-IPOs gemacht wurde, in diese instabile Mischung ein, reagierte mein Bauch darauf ganz klar skeptisch.

Ist eine Neuemission überzeichnet, bedeutet das, dass mehr Menschen – institutionelle Investoren und Privatanleger – Interesse bekunden (und vielfach bereits hohe Schecks für die Aktien ausgestellt haben, die sie zu kaufen hoffen), als am Ende eine Zuteilung erhalten.

Den Betreuern der Emission von China Telecom hatte das Unternehmen im Grunde Entscheidungsfreiheit über die Zuteilung der Aktien eingeräumt. Das wiederum bedeutete, ein bestimmter (geringer) Prozentsatz würde in Form von American Depositary Receipts (ADRs) nach New York gehen, und ein gewisser (höherer) Prozentsatz würde in Hongkong notiert.

IPOs sind ihrem Wesen nach insofern ungerecht, als sowohl die Emissionshäuser als auch das Unternehmen viel Freiheit genießen, bevorzugte Kunden zu begünstigen. Bei einem „heißen" Titel wie China Telecom – der solange brandheiß blieb, bis die Hongkonger Börse in freien Fall geriet – wurde der Kurs auf dem Graumarkt schnell weit über den Einstands- oder Eröffnungskurs getrieben.

Eine Chance für Kleinanleger

Der Graumarkt setzt sich aus allen möglichen frustrierten Käufern zusammen, die keine Zuteilung erhalten haben und deshalb allen einen satten Aufpreis auf den offiziellen Marktkurs zahlen wollen, die Aktien abbekommen haben und bereit sind, sie weiterzuverkaufen.

Das bedeutet, dass jeder, der das Glück hatte, gleich am Anfang zum Zug zu kommen – ein Privileg, das manchmal so zufällig vergeben wird wie ein Lottogewinn, manchmal aber auch aufgrund von Beziehungen zum Emissionshaus –, hingehen, die Aktien Minuten nach dem Kauf auf den Graumarkt werfen und unverzüglich einen satten Gewinn einstreichen kann.

Ein Faktor mit Einfluss auf die sogenannten Graumarktakteure ist die Erwartung, dass die Neuemission abhebt wie ein Heißluftballon. Ich halte mich bei IPOs gern zurück und warte ab, wie sich die Aktien unmittelbar nach dem Börsengang über ein paar Wochen oder Monate im Handel entwickeln – auf dem offenen Markt also. Natürlich lässt sich nie sagen, ob der Kurs fallen wird, doch meiner Erfahrung nach ist es nach dem Abflauen der ersten Begeisterung nicht ungewöhnlich, dass IPO-Kurse nachgeben oder schwächer tendieren, wenn die durch die ersten Käufergarden gebotenen Unterstützungslimits durchbrochen werden.

Bei jedem Zuteilungsschema geht ein bestimmter Anteil der gesamten ausgegebenen Aktien ans breite Publikum. Es ist also gut möglich, als Kleinanleger an IPOs zu partizipieren.

Kapitel 15

Wenn Angst vom Handicap zum Vorteil wird

Das Fallbeispiel Thailand

Sprechen wir über die thailändische Bevölkerung. Ich habe in den 1960er-Jahren ein paar Jahre lang in Thailand gelebt und bin seither immer wieder dort gewesen. Ich glaubte die Thailänder ganz gut zu kennen und empfand große Hochachtung und Bewunderung für sie. Insbesondere beeindruckte mich ihre Fähigkeit, schwere Zeiten durchzustehen und zu lächeln, wenn es schwierig wurde.

Wenn alle anderen in Pessimismus verfallen, ist gewöhnlich der richtige Zeitpunkt für Optimismus.

Was viele vergessen, ist, dass in Zeiten der Panik ungünstige Rahmenbedingungen häufig das Beste im Menschen zum Vorschein bringen – ebenso wie Reichtum oft seine schlechtesten Seiten hervorruft.

Schon Monate, nicht erst Jahre, nach Einsetzen der asiatischen Finanzkrise konnte ich die Fortschritte erkennen, die Thailands Bürger und seine zuvor so unbewegliche Regierung gemacht hatten, um die Dinge ins Reine zu bringen. Damit sich tektonische Platten verschieben, muss es erst zu einem großen Ausbruch kommen.

Dieser Punkt war erreicht, als der in Bedrängnis geratene Premierminister allen Ernstes vorschlug, die Wirtschaft könnte durch die Eröffnung einer größeren Zahl thailändischer Restaurants und durch die Steigerung der Popularität des Thaiboxens gerettet werden.

Es bedurfte nur weniger ernstzunehmender Proteste in Bangkok – die nicht von frustrierten Linksorientierten und Radikalen organisiert wurden, sondern von nüchternen Geschäftsleuten im dunklen Anzug aus der Mittelschicht, die den Druck am meisten spürten und entsprechend ungehalten waren –, um zügig eine neue Regierung und einen neuen, besser beleumundeten Premierminister einzusetzen. Der König griff ein und übte moralischen Druck aus, um Korruption und Vetternwirtschaft seitens lokaler Eliten einzudämmen. Würden sich all die bösen Buben plötzlich in Engel verwandeln? Kaum. Doch sie wären zumindest für eine gewisse Zeit gut beraten, sich am Riemen zu reißen. Das würde die Moral mit der Zeit verbessern und einen Marktumschwung ermöglichen.

Die Menschen kriegen das hin. Sie ziehen an einem Strang. Sie schaffen Ordnung, und dasselbe verlangen sie von anderen in verantwortlichen Stellungen. Sie arbeiten härter. Sie sparen mehr. Sie geben weniger Geld aus. Das meinte Oliver Wendell Holmes, als er von der „moralischen Entsprechung des Krieges" sprach.

Wie der Partner des Bangkoker Büros einer Beratungsfirma mitten in der Krise sagte: „In einem Wirbelsturm kann sogar ein Truthahn fliegen. Doch wenn der Wind abflaut, ist es viel schwieriger, sich oben zu halten. Das ist dann eine Frage der eigenen Stärke."

Nüchtern fügte er hinzu: „Im Abschwung reicht es nicht, Fettpolster zu verlieren. Weitaus wichtiger ist es, Muskelmasse aufzubauen." Will heißen, dass sich das Blatt früher oder später wendet.

Auf Liquidität achten

Das Wichtigste, worauf man in Krisenzeiten achten muss, ist Liquidität. Das könnte man auch als Flucht in die Qualität bezeichnen. Es ist nur folgerichtig: Wenn ich die Wahl habe zwischen einer kleinen *illiquiden* Aktie und einer großen *liquiden*, entscheide ich mich grundsätzlich für die liquide. Illiquide oder weniger liquide Werte kaufe ich im Grunde nur, wenn ich muss – in Boomphasen, wenn liquide Titel überteuert sind.

Das Wichtigste, worauf man in Krisenzeiten achten muss, ist Liquidität.

Liquide Aktien sind in aller Regel Marktführer mit großer Marktkapitalisierung, die in Indizes enthalten sind, also Blue Chips – Aktien, die man in einem Boom nie kaufen kann, die aber beim ersten Anzeichen für einen Abschwung erste Wahl sind. Mit abflauender Euphorie fallen solche Titel auf verkraftbare Kursniveaus.

In Thailand brannte ich darauf, mir Siam Cement näher anzusehen – eines der Blue-Chip-Unternehmen des Landes, an dem auch die Königsfamilie beteiligt war. Es war viel mehr als nur ein Zementhersteller – nämlich ein diversifizierter Konzern mit Beteiligungen in Branchen wie Baustoffe, Petrochemie, Kunststoffe und an Herstellern etlicher anderer chemischer Basisrohstoffe.

Das Unternehmen litt unter schlechter Presse, rückläufigen Exporten und Fabrikschließungen. Anders formuliert, es gab keinen besseren Zeitpunkt für einen Besuch vor Ort. Ob Siam Cement – so könnten Sie fragen – wohl zu den Unternehmen gehörte, die ohne Sinn und Verstand Dollarkredite aufgenommen hatten in der Erwartung, sie in Baht tilgen zu können? Hatte es. Na und?, frage ich zurück.

Fakt ist, dass das alle gemacht haben. Fakt ist, dass eine solche Strategie zum damaligen Zeitpunkt solide schien. In Wirklichkeit war es gerade der Umstand, dass Siam Cements diesbezügliche Verluste allgemein bekannt waren, der den Titel zum Kaufkandidaten machte. Wieso? Weil solche vermeintlichen Risikopositionen gewöhnlich auf die Stimmung drücken, sodass die betreffenden Aktien attraktive Ziele abgeben.

Im Zuge der Abwertung würde der angeschlagene Baht bald wieder wettbewerbsfähig wirken. Siam Cement seinerseits würde unter dem Druck, den Umsatz durch Exporte zu steigern, wie verrückt exportieren, weil es Zement und all seine anderen Produkte billiger herstellen und verkaufen konnte als Konkurrenten aus Nachbarländern. Außerdem hatte Thailand Zement mit einer Exportabgabe beaufschlagt, die vorerst abgeschafft wurde. Dadurch konnte Siam Cement auf dem malaysischen Markt noch billiger anbieten – in manchen Fällen sogar billiger als einheimische Produzenten. Wie ein Kind im Süßwarenladen konnte ich es kaum erwarten, endlich all die appetitlichen Blue Chips zu kaufen, die ich mir vor dem Crash nicht leisten konnte.

Die Talsohle finden

Während das asiatische Virus unheilvoll auf dem gesamten Kontinent grassierte, ging es in globalen Finanzkreisen bald nur noch verbissen darum, festzustellen, wann die Talsohle erreicht war.

Ein globaler Händler meinte, dass sei gar keine Panik, sondern „ein systematisches Abschmelzen beim Antesten neuer Tiefs". Sag bloß? Andere selbsternannte Experten bezeichneten diese Phase als ideal, um „auf dem Grund zu fischen". Andere redeten hochtrabend davon, das „Vierfachtief zu durchbrechen".

Da sprang der Internationale Währungsfonds kühn in die Bresche – die globale Institution, die für die Bewältigung solcher Vertrauenskrisen am besten gerüstet ist. Er stand dem Baht mit einer großzügigen Offerte zur Seite: Ein 17 Milliarden US-Dollar schweres Rettungspaket wurde der regierenden Elite als Köder vor die Nase gehalten, um sie dazu zu bringen, die bittere Pille der Finanzdisziplin zu schlucken.

Kurzfristig war die Stimmung aber so schlecht, dass selbst die Aussicht auf mächtige externe Kräfte, die die thailändische Wirtschaft wieder ins Lot bringen sollten, die Moral kaum heben konnte.

Wie es so meine Art ist, nahm ich den nächsten Flieger nach Bangkok. Wie aber, so könnten Sie fragen, konnten wir in Bezug auf Thailand auch nur ansatzweise optimistisch sein, während sich die einheimischen Anleger so schnell aus dem Land zurückzogen, als sei dort die Pest ausgebrochen?

Was uns so positiv stimmte, war in erster Linie, dass alle Trends dermaßen negativ waren. Es ging uns nicht darum, auf Biegen und Brechen gegenläufig zu agieren – denn ein wahrhaft konträrer Investor wendet sich nicht sklavisch gegen den Strom, sondern bleibt in seinen Überlegungen stets unabhängig. Es war schlicht so, dass wir einen ganz anderen Zeithorizont anlegten als die einheimischen Anleger.

Rosigere Aussichten

Kurzfristig hatten die Einheimischen natürlich Recht. Auf kürzere Sicht herrschte in Thailand Chaos. Doch mit der Zeit – in drei bis vier, maximal fünf Jahren, wie ich glaubte – würde die Bevölkerung Thailands, gerade weil es so schlimm kam, ihr Verhalten drastisch ändern. Wie (und warum) erfahren Sie hier:

- Sie würden nicht mehr so viel Kredit aufnehmen.
- Sie würden weniger kaufen.
- Sie würden mehr sparen.

- Sie würden härter arbeiten.
- Sie würden auf Teufel komm raus exportieren, weil sie die Dollars brauchten.
- Die Industrieproduktion würde steigen.

Und nicht zuletzt:
- Sie würden von ihrer Regierung drastischere Reformen verlangen.

Und so kam es. Die Fallstudie über Thailand ist nur ein Beispiel dafür, dass Furcht das Einzige ist, was wir fürchten müssen. In Wirklichkeit kann Furcht Anlegern immer wieder zum Vorteil gereichen, wenn sie sie zu nutzen verstehen.

Kapitel 16

Der Krisen-Schnäppchen-markt

Langfristige Orientierung nach einem Crash

Nur wenige Monate nach Einsetzen der Krise in Thailand zeigten sich dort in mehreren ausschlaggebenden Bereichen messbare Fortschritte. Erzürnte Bürger erzwangen einen Regierungswechsel, sodass eine neue, energischere Führung ans Ruder kam. Die Nachrücker wurden von allen gelobt, mit denen wir sprachen. Sie galten allgemein als fähigste Regierungsmannschaft des Landes seit langem. Das allein weckte in mir die Hoffnung auf Wachstum. In Krisenzeiten laufen Führungspersönlichkeiten zu Hochform auf. Mustergültig veranschaulicht hat das Franklin Roosevelt in seinen berühmten ersten 100 Tagen, als der New Deal eingeführt wurde, um das Land vor dem Zusammenbruch zu retten.

Erst in der Krise ändern die Menschen destruktive Verhaltensmuster. Erst wenn alle einhellig der Meinung sind, dass etwas im Argen liegt, macht sich jemand die Mühe, es in Ordnung zu bringen.

Viele Bangkoker Standardwerte waren die stolzen Kronjuwelen in unserem Portfolio und verdienten zum richtigen Kurs durchaus eine stärkere Gewichtung. Es war an der Zeit, sich auf solche Schnäppchen zu konzentrieren und die Unternehmen auszusieben, die unter den neuen Bedingungen nicht überleben und gedeihen konnten. Es war Zeit, manche Aktien zu kaufen und andere zu verkaufen – vernunftbasiert, rational, umsichtig und behutsam. Auf die Frage, wie ich mich in thailändischen Aktien engagieren würde, antwortete ich: „Wie sich Stachelschweine paaren ... gaaaanz vorsichtig!"

Ohne Fleiß kein Preis

Makroökonomisch betrachtet hätten die Dinge auf kurze Sicht kaum schlimmer stehen können. Aus meiner Perspektive war das jedoch nicht ausschließlich negativ, denn in unserem Geschäft ist Wahrnehmung genauso wichtig wie Realität. Auf der Suche nach

Schnäppchen fahnden wir nach Aktien, die lausig wirken, aber in Wirklichkeit nur falsch beurteilt werden. Ende 1997 war der thailändische Aktienindex von seinem Allzeithoch um 70 Prozent eingebrochen. 1993, auf dem Höhepunkt des Südostasien-Booms, lag die Marktkapitalisierung des thailändischen Aktienmarkts insgesamt bei 133 Milliarden US-Dollar. Anfang 1998 war sie auf kläglich 22 Milliarden US-Dollar geschrumpft.

Wie ich es sah, musste es, obwohl der Index im Keller war, mehr als nur ein paar heimliche Schätze geben, die zu Unrecht in den Sog geraten waren. Der verheerende Einbruch des Index der thailändischen Börse zeigte deutlich, dass der Durchschnittsinvestor in Thailand thailändische Aktien seinerzeit als wenig aussichtsreich erachtete.

Hätten wir dieselben Aktien von derselben kurzfristigen Warte aus betrachtet, hätten wir vermutlich ebenfalls die Verluste begrenzt und das Weite gesucht. Doch aus unserer Sicht übertrieb der Markt inzwischen in Gegenrichtung, was uns die seltene Gelegenheit eröffnete, unser Portfolio um viele Unternehmen aufzustocken, die uns zuvor viel zu teuer gewesen waren.

Das Ausmaß des Kursverfalls warf unwillkürlich folgende Frage auf: Konnte der Index bis auf null fallen? Das war meiner Ansicht nach eher unwahrscheinlich. Ich stützte mich dabei aber weniger auf solide Fundamentaldaten, wie ich zugeben muss, sondern mehr auf die schiere Menge an Geld, die in das Land gepumpt wurde. Die ersten 17 Milliarden US-Dollar, die der Internationale Währungsfonds zuschoss, um die Devisenreserven des Landes zu stärken, waren unseres Erachtens nur der Auftakt zu einem Programm zur längerfristigen Stabilisierung der Währung. Das Geld reichte nicht annähernd, um das schwer angeschlagene Finanzsystem aufzufangen, sondern war in erster Linie eine akute Notfallmaßnahme zum Stopfen der Löcher in den Deichen, damit nicht noch mehr Mittel abfließen konnten.

Wir mussten davon ausgehen, dass der thailändische Index noch weitere 50 Prozent verlieren konnte, bevor er sich fing, geschweige denn erholte. Doch hielt man die weitaus größere Wahrscheinlichkeit einer allmählichen, wenn auch unberechenbaren Erholung dagegen, setzte ich auf den Aufschwung – und zwar eher früher als später. Diese Frage war für uns nicht nur eine theoretische, denn wir hatten schon seit dem ersten großen Kursrutsch um 40 Prozent in Thailand aktiv sondiert und Aktien umgeschichtet. Weil wir im Abwärtstrend aggressiv eingekauft hatten, erlitten wir bei jedem weiteren Rückgang empfindliche Verluste – zumindest auf dem Papier.

In welchem Land, wurde ich während der Krise immer wieder gefragt, erkennen Sie die interessantesten Schnäppchen? Darauf antwortete ich stets prompt: „In Thailand."

Wer so schlau ist, in fallende Kurse hinein zu kaufen, statt in steigende, der muss bereit sein, kurzfristig Verluste laufen zu lassen. Doch es gibt strategische Phasen, in denen man kurzfristig Schmerzen ertragen sollte, um künftig überlegene Renditen zu erzielen.

Manchmal muss man kurzfristig Schmerzen ertragen, um künftig überlegene Renditen zu erzielen.

Ein paar Grundregeln zum Timing

Die beste Regel zur Ermittlung des richtigen Zeitpunkts für den Ein- oder Ausstieg lautet: Lassen Sie es bleiben. Das „Timing" des Markts ist keine sehr fruchtbringende Anlagetechnik, weil es so schwer erfolgreich durchzuführen ist. Wir raten zwar grundsätzlich davon ab, den richtigen Zeitpunkt abzupassen, doch für extreme Markteinbrüche gelten dennoch ein paar Grundregeln. Eine besagt, dass ein Markt im freien Fall einen Boden bildet und sich dann um bis zu 30 Prozent erholt, bevor er erneut abstürzt. Warum? Weil die Märkte generell bis zu dem Punkt zulegen, an dem verängstigte Anleger, die noch nicht verkauft haben, um ihre Verluste möglichst gering zu halten, ihre Chance erkennen und abstoßen.

Wer im Abwärtstrend Aktien kauft, muss sicherstellen, dass er Titel mit langfristigen Aussichten auf Erholung auswählt – keine, die bereits dahinvegetieren und bald nur noch auf Watchlisten stehen, nicht mehr auf Kauflisten.

Die Suche auf den Nebenstraßen und Gässchen Bangkoks und auf verstopften Autobahnen, die an zur Hälfte leerstehenden Wolkenkratzern vorbeiführten, glich der Arbeit eines Goldwäschers in einem Flussbett aus wertlosem Sand. Eine noch treffendere Analogie wäre vielleicht die Suche nach Diamanten in einem Eimer Zirkone, denn es gab auf den ersten Blick eine ganze Reihe reizvoller Unternehmen, zu viele sogar – doch wenn man etwas tiefer grub und das Kleingedruckte in der Gewinn- und Verlustrechnung las, trogen diese Reize, und die Aktien waren in Wirklichkeit gar nicht unterbewertet.

Die beiden Sprengfallen, die nach meiner Auffassung im Abwärtstrend zum Verhängnis werden können, sind:

1. Übermäßig hohe US-Dollar-Schulden.
2. Traumatisierte Managementteams: Unternehmenslenker, die die Wahrheit nicht sehen wollen und/oder unter einem

Zustand leiden, den ich gern als „Im Licht herannahender Scheinwerfer erstarrtes Reh"-Syndrom bezeichne.

So waren von den 480 an der Bangkok Stock Exchange notierten Unternehmen Ende 1997 bereits um die 40 pleite. Eine ähnlich hohe Zahl notleidender Unternehmen hatte ihre Aktien vom Handel aussetzen lassen aus Angst, andernfalls ebenso unterzugehen. Nach unserer Rechnung würden noch mindestens 20 weitere Unternehmen scheitern, bevor sich die Lage stabilisierte. Wir achteten daher aufmerksam auf wackelige Unternehmen und auf solche, die von anderen Unternehmen abhängig waren, die es nicht schaffen würden. Mit kurzfristigen Verlusten können wir zwar leben, doch wenn Portfoliowerte mit großem Getöse in sich zusammenfallen und sich als Trugbilder erweisen, gefällt uns das gar nicht.

Erster Vorstoß auf Bankwerte

Wo begann unsere Schnäppchenjagd? Im Finanzsektor. Der Grund? Dort wurden die größten Schäden wahrgenommen, und dort konnte am schnellsten eine Erholung einsetzen.

Wer ganz genau hinschaut, kann im Muster der Kreditvergabepraxis einer Bank eine Blaupause des makroökonomischen Gesamtbilds erkennen.

> **Wer ganz genau hinschaut, kann im Muster der Kreditvergabepraxis einer Bank eine Blaupause des makroökonomischen Gesamtbilds erkennen.**

Bei einem Crash werden Banken stets als Erste in Mitleidenschaft gezogen, und gewöhnlich sind sie auch die Ersten, die wieder auf die Füße kommen. Banken sind als Vergeber von Krediten an Privatkunden und Unternehmen, die diese zurückzahlen können oder nicht, die volkswirtschaftlichen Kanarienvögel im Kohlebergwerk. Dort haben die Kumpel früher Kanarienvögel (im Käfig) tief in die Schächte mitgenommen zur Frühwarnung vor gefährlichen Giftgaskonzentrationen. Da Kanarienvögel darauf empfindlicher reagieren als Menschen, kippten sie schon beim ersten Hauch von Gas von der Stange, lange bevor die Minenarbeiter Schaden nahmen. Trotz ihrer häufig aufgeblähten Größe sind Banken hochsensible Barometer für jede Volkswirtschaft – wenn man sie abzulesen versteht. Investoren bezeichnen sie sogar als Stellvertreter für die Gesamtwirtschaft.

In ungewissen Zeiten sind Bankaktien ausgezeichnete Sammelbecken, denn mit einem Anteil an einer Bank erwirbt man ein Stück von jedem Kredit in ihren Büchern und damit einen Querschnitt der Gesamtwirtschaft. Nehmen wir an, Sie erfahren, dass sich eine Bank aus einem bestimmten Sektor zurückzieht. Das könnte ein Zeichen für Schwäche in diesem Sektor sein – und dafür, dass vor einer Anlage gründliche Analysen angezeigt sind. Stellen Sie dagegen fest, dass sich eine Bank förmlich darum reißt, in Krisenzeiten für einen bestimmten Sektor tätig zu werden, bedeutet das, sie hat in einem ansonsten trüben Bild ein paar Lichtpunkte entdeckt.

Wenn die Lage richtig übel ist, kriegen vor allem die Banker ihr Fett weg. Stellen Sie sich so einen international tätigen Banker als einen Mann mit einem Schraubenschlüssel vor, der an den Ventilen sitzt, durch die das Geld strömt wie Öl durch eine Pipeline. In guten Zeiten öffnet er die Ventile, in schlechten drosselt er den Durchfluss oder dreht ihn ganz ab. Ist der Geldstrom unterbrochen, versucht er verzweifelt, jemanden aufzutreiben, der in der Lage ist, wieder etwas von dem kostbaren Inhalt in die Geldtanks zurückzuleiten. Im Zuge der traurigen, schmutzigen Geschichte, die sich Ende der 1990er-Jahre in Südostasien zutrug, pumpten solche globalen Banker zunächst an die 400 Milliarden US-Dollar in die Region – Großkredite an Hongkong und Singapur gar nicht eingerechnet. Dann drehten sie den Geldhahn abrupt zu, legten beim Kreditmotor den Rückwärtsgang ein und drückten den armen, verschmähten Ländern damit die Luft ab. „Asien und Südostasien hatten eine enorme Euphorie ausgelöst", räumte der Sprecher einer deutschen Großbank gegenüber der New York Times ein. „Es war die angesagte Region schlechthin."

Der Haken daran ist stets: Alle sind glücklich, solange es gut läuft. Läuft es aber nicht mehr rund, dann wird es schnell eng. Internationales Fluchtkapital – Geld, das jederzeit auf einen Markt geleitet und wieder zurückgeholt werden kann – beginnt beim ersten Anzeichen für Stärke zu strömen und fließt beim ersten Anzeichen von Schwäche ab. Selbst die hartgesottensten Verfechter der freien Marktwirtschaft in der Finanzwelt registrierten im Zuge der Asienkrise verstört, mit welch gnadenlosem Tempo dieser Geldhahn auf- und zugedreht werden konnte, und vor allem, wie er zu einer Art Finanzstaubsauger mutierte, der seinen Opfern den letzten Heller aus der Tasche zog. Gehen die Ventile zu, erstarrt das Finanzwesen. Niemand ist mehr handlungsfähig, bis der Mann mit dem Schraubenschlüssel den Hahn wieder aufdreht.

Wenn absehbar ist, dass eine nachgebende Währung den Export anregen wird, gibt es noch einen weiteren Grund, in Banken zu investieren – nämlich um auf die einfache Art von Exportsteigerungen zu profitieren, und von den positiven Effekten dieser Zuwächse auf die Gesamtwirtschaft gleich mit. Es können sich aber auch Chancen ergeben, direkt aus dem Exportsektor Kapital zu schlagen.

Ein Paradebeispiel dafür war Delta Electronics, ein diversifizierter Hersteller von Elektronikbauteilen, dessen Produkte seinerzeit 50 Prozent billiger waren als noch sechs Monate zuvor. Die Preise waren daher extrem wettbewerbsfähig. Delta war ein hervorragendes Unternehmen, gut geführt, mit einem Gewinnwachstum von 20 Prozent im damaligen Jahr. Gleichzeitig gehörte es zu den wenigen thailändischen Unternehmen, die eindeutig richtig aufgestellt waren, um vom Zusammenbruch der Währung zu profitieren. Infolgedessen hatten seine Aktien seit der sechs Monate zuvor erfolgten Abwertung des Baht 150 Prozent zugelegt. Aus diesem Grund war Delta bald zu teuer, sodass wieder nur die Banken blieben. Persönlich tendierte ich ohnehin zu Bankwerten, weil ich diese – entgegen der öffentlichen Meinung – für die effizientesten Instrumente hielt, um auf den Export zu setzen. Es waren schließlich die Banken, die die Exporteure finanzierten. Geht es mit einem ganzen Land bergab, geraten die Banken schnell in Misskredit. Dabei war davon auszugehen, dass alle Banken, die irgend konnten, so handeln würden, wie es die Thai Farmers Bank zu ihrer offiziellen Politik erklärte: Sie verlagerten ihren Kreditschwerpunkt von Importeuren auf Exporteure.

Die zunehmende Stärke der exportbedingten Erholung sollte sich daher mit der Zeit in den Aktienkursen niederschlagen. Wir hielten aber parallel dazu auch nach Exporttiteln Ausschau, die nicht ganz so auf der Hand lagen wie der Elektroniksektor.

Das Aufspüren von Mustern

Ein wichtiger Punkt, den Sie im Endstadium der Abwärtsphase eines Boom-and-Bust-Zyklus stets im Auge behalten sollten, ist, dass sich das Land, das als Erstes und am schlimmsten getroffen wird, in der Regel auch als Erstes wieder erholt.

Das Land, das als Erstes und am schlimmsten getroffen wird, erholt sich in der Regel als Erstes wieder.

Die logische Ursache: Das Land, das am schlimmsten getroffen wird, muss seinen Problemen auf den Grund gehen und ist daher zu den drastischsten Verhaltensänderungen gezwungen, um nervös gewordene globale Investoren anzulocken.

So ein Konjunkturaufschwung unterscheidet sich nicht von einer anderen Erholung: Er folgt dem klassischen Verlauf mit einem hohen Hoch, einem tiefen Tief und einer Drehung nach oben, die ausgesprochen dynamisch ausfallen kann.

In Thailand war es zum Exzess gekommen – in diesem Fall durch die Überflutung mit billigen Krediten. Jetzt musste das Land auf kalten Entzug gehen. Doch in Bezug auf Asien abzuwarten und gar nichts zu tun, bis sich der Sturm gelegt hatte, zahlte sich nicht aus. Meiner Ansicht nach lohnt es sich immer, aktiv zu werden. Der Grund: Die Aktienmärkte reagieren vor der Wirtschaft. Die Aktienmärkte nehmen wirtschaftliche Entwicklungen vorweg, die erst in ein oder zwei Jahren erfolgen.

Kapitel 17

Wie man mit irrationaler Marktpanik umgeht

So werden Sie objektiv

Wenn die Welt noch irgendeinen Beweis dafür gebraucht hätte, dass wir uns (1) langfristig an die Globalisierung gewöhnen und (2) mit ihr rechnen müssen, dann wurde dieser von den negativen Entwicklungen auf den lateinamerikanischen Märkten im Kielwasser der Asienkrise mit Nachdruck geliefert. Eines Morgens im Spätherbst 1997 – wir hatten gerade in unser Hotel an der Copacabana von Rio de Janeiro eingecheckt – setzte der dynamische Aktienmarkt von Rio zu einem schwindelerregenden Sturzflug um 15 Prozent an. Ausgelöst worden war dieser durch Verzweiflungstaten im fernen Hongkong. Am selben Morgen musste der Handel an der Börse von São Paulo erstmals in ihrer Geschichte nach einem rapiden Kursrutsch um 10 Prozent in den ersten vier Minuten der Handelssitzung ausgesetzt werden.

Achterbahnfahrt in Rio

Die stärksten Einbrüche verzeichneten etliche hochfliegende brasilianische Blue Chips, die in den ersten neun Monaten des Jahres 1997 im Schnitt 93 Prozent zugelegt hatten. Aufgefangen wurde die Gruppe von den drei tragenden Elementen des brasilianischen Privatisierungsdreifußes: der staatlichen Telekom Telebras, dem staatlichen Stromversorger Eletrobras und dem staatlichen Öl- und Energieunternehmen Petrobras. Angesichts des brasilianischen Aktienindex Bovespa, der absackte wie das Quecksilber in einem Schneesturm, sah es ganz so aus, als würde der nach Ertragsstärke (nach Russland) weltweit an zweiter Stelle stehende Aktienmarkt mit voller Kraft vor die Wand fahren.

Warum reagierten die globalen Investoren in Bezug auf Lateinamerika so hektisch und besorgt, während sich die Währungskrise doch offenbar auf Asien beschränkte, das auf der anderen Seite der Erdhalbkugel lag? Eine – ebenso einfache wie zutreffende –

Antwort darauf war, dass die ganze Welt mittlerweile so eng vernetzt war, dass ein Markt nicht mehr nur durch die Distanz vom Verhalten anderer Märkte abgeschirmt werden konnte. Genau wie es die Chaostheoretiker beschrieben hatten, konnte ein Schmetterling, der auf einer Seite der Erde mit den Flügeln schlug, auf der anderen einen Wirbelsturm auslösen. Schon kleinste Erschütterungen und Beben auf einem Finanzmarkt konnten schnell auf andere übergreifen, auch wenn die wirtschaftlichen Zusammenhänge eher locker waren. Aber natürlich können Märkte auch ganz eigene Richtungen einschlagen, die sich von anderen Märkten deutlich unterscheiden.

Erstklassige Kaufchancen

Was bedeutet das für einen Investor? Folgendes: Die globalen Verwerfungen stellen häufig ein beispielloses Angebot an erstklassigen Kaufchancen dar. Wenn die Märkte aufgrund irrationaler Faktoren über- oder unterreagieren, kann gewinnen, wer einen kühlen Kopf behält.

Verschlechtert sich die Marktstimmung in Bezug auf ein ganzes Land unvermittelt und hauptsächlich deshalb, weil es *vermeintlich* in Zusammenhang steht mit anderweitigen Problemen, kann diese Stimmung die Folge *irrationaler Panik* sein statt *kühler Berechnung*.

Ebenso gilt: Wenn sich die Stimmung in Bezug auf ein ganzes Land eintrübt, obwohl es einzelnen Unternehmen in diesem Land nach wie vor gut geht, kann man Aktien, die zu Unrecht unter Druck geraten sind, billig mitnehmen – nur weil die breite Masse im Affekt auf vorübergehende Ereignisse reagiert.

Da die meisten Schwellenmärkte übermäßig von den Bewegungen von Fluchtkapital abhängig sind – Geld, das jederzeit verschoben werden kann –, muss man unbedingt herausfinden, inwieweit eine Panik (oder auch ein Anflug von irrationalem Überschwang) fundamental gerechtfertigt ist. Ist sie es nämlich nicht, kann ein konträres Engagement äußerst vielversprechend sein.

Beispiel Brasilien: Der schnelle Übergang von einer Misch- zu einer Marktwirtschaft, den Brasilien in den fünf Jahren vor 1997 vollzog, legte das Tempo für eine regionale Rekordwachstumsrate von 5 Prozent im Lateinamerika der 1990er-Jahre vor und ebnete den Weg für ausländische Direktinvestitionen in der beispiellosen Höhe von 45 Milliarden US-Dollar, die in die gesamte Region flossen.

In Südostasien hatte die angeblich kollektive Entscheidung der Devisenspekulanten, eine Währung anzugreifen – auch bezeichnet als Leerverkauf der Währung, bei dem viele Einzelakteure darauf setzten, dass diese unter Druck zusammenbrechen würde –, weniger eng vernetzten Investoren signalisiert, dass der Unterbau des sogenannten asiatischen Wirtschaftswunders stellenweise brüchig war. Das offenbarte sich beispielsweise in verbreiteter Korruption, Insiderhandel und mangelnder Transparenz der Märkte. Solche Praktiken brachten die Märkte ins Trudeln, doch für die Staatsvertreter Malaysias und Indonesiens wäre es nicht masochistisch, sondern eher realistisch gewesen, die betroffenen Devisenhändler zu feiern, statt sie zu verdammen.

Wieso? Nun, indem sie das unbarmherzige Schlaglicht der Spekulanten auf die eklatanten Schwächen dieser Volkswirtschaften richteten, lieferten die Devisenhändler eine treffende Diagnose der Situation. Die Regierungen mussten dafür keine hochbezahlten Berater beschäftigen. Die Währungsspekulanten übernahmen diese Aufgabe ohne jede Gegenleistung – mit einem schnellen Gewinn als Sahnehäubchen, wenn sie mit ihren Wetten richtig lagen.

Doch was hatte das mit Lateinamerika zu tun? Die Möglichkeit eines Übergreifens des grassierenden Asienvirus auf Lateinamerika war für Schnäppchenjäger wie eine offene Tür ins Eldorado, denn die vermeintlichen Bindungen zwischen diesen beiden dynamischen Wirtschaftsregionen waren nicht annähernd so eng wie gemeinhin angenommen. Ja, die Länder trieben Handel und waren Konkurrenten im Export von Gütern in reifere Märkte. Doch nur weil es bestimmte oberflächliche Gemeinsamkeiten gab, war Lateinamerika noch lange nicht mit Asien gleichzusetzen. Wenn überhaupt, dann entwickelten sich die beiden Kontinente sogar auseinander.

Als eine ganze Reihe brasilianischer Standardwerte erstmals seit zehn Jahren in den freien Fall geriet – vor allem wegen der Probleme in Asien –, sagte mir mein Instinkt, dass wir es hier mit dem Phänomen der *Panikmache* zu tun hatten.

Wenn der normale Käufer kalte Füße bekommt, ist es Zeit, anzutreten und Geld auf den Tisch zu legen.

Wenn der normale Käufer kalte Füße bekommt, ist es Zeit, anzutreten und Geld auf den Tisch zu legen.

Dasselbe Spiel

Ein Grund für die Nervosität der globalen Investoren in Bezug auf Lateinamerika, dessen Märkte während der vorausgegangenen sechs Monate im Schnitt ums Doppelte zugelegt hatten, war, dass in Lateinamerika zum Teil die gleichen Missstände um sich gegriffen hatten, die den asiatischen Tigerstaaten zum Verhängnis geworden waren – schwache oder negative Leistungsbilanzen, hohe Außenhandelsdefizite, schleichende Inflation.

Brasilien war anfälliger für die Ängste der Anleger als seine Nachbarn, weil seine Währung – der Real – weithin als um mindestens 30 Prozent überbewertet galt. Dabei stellt die Aussicht auf eine – abrupte oder allmähliche – Abwertung der Währung zwar ein Währungsrisiko dar, doch eine abgewertete Währung kann für ein Land auch die Rettung sein, weil ein behutsamer, angstfreier Wertrückgang den Export in den Höhenflug versetzen kann.

Verschiedene zu einfach gestrickte Strategien veranlassen Anleger dazu, sich beim ersten Anzeichen der Abwertung aus einem Land zurückzuziehen, weil dieselben Aktien in US-Dollar weit weniger Wert darstellen, sobald die andere Währung nachgibt. Ich sehe das anders. In Verbindung mit der negativen Stimmung, die eine solche Perspektive auslöst, werte ich Anzeichen für einen bevorstehenden Wertverfall als mögliches Kaufsignal für ein Land. Selbst wenn die Märkte vorübergehend zur Talfahrt ansetzen, fällt die früher oder später erfolgende Erholung umso stärker aus.

In Rio fiel den ersten Scharmützeln der Devisenhändler zunächst die Zuversicht der örtlichen Aktienhändler zum Opfer, die von einer Welle hektischer Leerverkäufe in Erwartung der anstehenden Währungskrise kalt erwischt wurden. Wie ein junger Derivatehändler aus Rio am Morgen des (von manchen Brokern beschönigend als „Korrektur" bezeichneten) Crashs düster gegenüber der *New York Times* äußerte: „Was soll ich sagen? Brasilien ist heute Niemandsland. Die Zukunft ist wolkenverhangen und stürmisch, und wir alle hier sind besorgt und verzweifelt. Alles wirkt übertrieben. Brasilien ist ein Land, in dem der Tod schnell eintreten kann."

Was für eine optimistische Einschätzung!

Wenn ich solche Formulierungen in der Tagespresse lese, ist das für mich wie eine offizielle Einladung zu einer Party. Sir John Templeton hat es nicht nur einmal, sondern tausendmal gesagt: Die besten Zeiten, um zu kaufen, sind Zeiten des größten Pessimismus. Tja, hier war die Talsohle eindeutig erreicht, und ich schrieb eine Einkaufsliste, die so lang war wie mein Arm.

Ich kam gerade aus Thailand (das ich als globales Zentrum des Pessimismus nominiert hätte), als Brasilien sich als Anwärter auf diesen zweifelhaften Titel hervortat.

In der Presse wurden zahlreiche Gründe dafür angeführt, dass ein Zusammenhang zwischen Brasilien (und Lateinamerika allgemein) sowie den Problemen, die Asien plagten, existiere. Einer davon war, dass südkoreanische Banken in guten Zeiten hochverzinsliche brasilianische Brady-Bonds in rauen Mengen gekauft hatten, die sie jetzt in dem verzweifelten Versuch, Kapital flüssig zu machen, zum Abverkaufspreis auf den offenen Markt werfen mussten. (Brady-Bonds waren nebenbei bemerkt eine vom US-Finanzminister Nicholas Brady entwickelte Neuerung der Regierung Bush, durch die die USA Anleihen von Schwellenländern stützte, was es solchen Ländern ermöglichte, zu niedrigeren Zinsen auf internationalen Märkten Mittel aufzunehmen.)

Die Theorie vom brasilianisch-koreanischen Anleihendebakel hörte sich zwar plausibel an, doch persönlich überzeugte sie mich nicht – unter anderem, weil die Summen, um die es dabei ging, in Anbetracht der Größe der brasilianischen Wirtschaft unbedeutend waren. Ein weiterer unterstellter Zusammenhang zwischen Brasilien und dem krisengeschüttelten Südkorea war, dass südkoreanische Hersteller den globalen Markt mit Billigzement überschwemmen würden. Das war nicht ganz von der Hand zu weisen. Die negativen Effekte auf eine einzelne Branche reichten aber kaum, um die Herabstufung eines ganzen Landes zu rechtfertigen – geschweige denn eine ausgewachsene Marktpanik. Eines sollte allen Beteiligten klar sein: Wenn eine Panik ausbricht, genügt ein Funke, und aus einem Lagerfeuer wird ein Flächenbrand. Das kann Zement sein, Brady-Bonds oder Kaugummi – ganz egal. Auch ein vermisster Millionär kann zum Auslöser für eine Massenflucht werden. Am zweiten Tag unseres Brasilienaufenthalts verursachte das absolut haltlose Gerücht, dass ein mexikanischer Großindustrieller verschwunden sei, vermutlich gekidnappt oder sogar getötet, auf den Kapitalmärkten der Region Schockwellen. Ebenso unbegründet erholten sich die Märkte, sobald bekannt wurde, dass der fragliche vermögende Herr wohlauf und unbeschadet war.

Brasilianische Anleihen in koreanischer Hand, ermäßigte Preise für asiatischen Zement und die angebliche Entführung eines Industriellen lieferten nervösen Investoren die lahme Ausrede, nach der sie suchten, um Brasilien abrupt den Rücken zu kehren. Wenn die Lage in irgendeiner Hinsicht brenzlig wird, dann sucht das kollektive Unterbewusstsein unwillkürlich nach Beweisen – gleich wie weit hergeholt diese auch sind –, um seine depressive Gefühlslage zu erklären. Das ist genau der Zeitpunkt, an dem Sie als cleverer Investor so ein Land genauer unter die Lupe nehmen sollten.

Wenn die ganze Welt ein Land aus überzogenen, kurzsichtigen Gründen negativ beurteilt, sollten Sie darüber nachdenken, von Halten auf Kaufen umzusteigen.

Wenn die ganze Welt ein Land aus überzogenen, kurzsichtigen Gründen meidet, sollten Sie darüber nachdenken, von Halten auf Kaufen umzusteigen.

Beachten Sie dabei bitte Folgendes: Aus Gerüchten wie dem von dem vermissten Industriemagnaten können Sie Kapital schlagen, indem Sie Aktien kaufen, wenn der Kurs spontan einknickt, und die Aufwärtsbewegung mitnehmen, die einsetzt, sobald sich die Lage klärt. Doch solches „Market Timing" ist eine riskante, nervenaufreibende Strategie und daher ungeeignet für Anfänger oder Investoren, die in erster Linie einen langfristigen Anlagehorizont beibehalten möchten.

Verstehen Sie mich nicht falsch. Es bestanden *durchaus* diverse oberflächliche Ähnlichkeiten zwischen Asien und Lateinamerika. Wie Südkorea und Thailand war das einst so rasante Exportwachstum Brasiliens im Herbst stark abgeflaut, und diese Verlangsamung hatte auf andere lateinamerikanische Volkswirtschaften übergegriffen. Die Leistungsbilanz des Landes erinnerte zunehmend an die Kreditkartenabrechnung eines nachweislich Kaufsüchtigen. Doch anders als in Thailand, wo sich die Regierung als geradezu grotesk unfähig erwiesen hatte, die angeblichen Attacken der Währungsspekulanten abzuwehren, war Brasiliens beliebter Präsident Fernando Henrique Cardoso entschlossen, sich von dieser zwielichtigen Bande nicht das Heft aus der Hand reißen zu lassen. Wenn sie Kampf wollte, war er mehr als bereit dazu. Ja, er war offenbar auf Gedeih und Verderb – mehr auf Verderb, wie ich es sah – willens, seine Währung im Notfall bis zum politischen Tod zu verteidigen.

Realistisch bleiben

Seine Bürger, für die es schon bald ungemütlich werden sollte, hatten das Pech, dass Präsident Cardoso auf eine Wahl zusteuerte. Er stand daher akut unter Zugzwang. Dem 66-jährigen Staatschef war klarer als jedem anderen: Wenn der brasilianische Real, den er selbst geschaffen hatte, in den Keller gehen sollte, wäre sein Abstieg damit ebenfalls besiegelt. Kurz, seine Glaubwürdigkeit stand auf dem Spiel.

Ich hatte mit Cardosos harter Gangart nur ein Problem: Manchmal konnte eine abgewertete Währung einen stotternden Wirtschaftsmotor wieder auf Touren bringen, indem sie den Export stimulierte. Der Versuch, den Wertverfall einer Währung aufzuhalten, kann ebenso viel mit der Wahrung des Nationalstolzes zu tun haben wie mit harter wirtschaftlicher Wirklichkeit. Als Cardoso den Real im Januar 1999 kurz nach seiner Wiederwahl freigeben musste, zog der brasilianische Markt überraschend kräftig an. Warum? Weil die Märkte den Real am Ende zwangen, sich der Realität zu stellen.

Reisenotizen: Brasilien

Februar 2011

Brasiliens Wirtschaft brummte. Nach der Kontraktion 2009 vollzog sich 2010 ein rasanter Aufschwung, der ein Wachstum in Höhe von 7,5 Prozent brachte. Inflation und Arbeitslosigkeit hatten sich gegenüber dem hohen Niveau von 2003 halbiert. Die Devisenreserven betrugen über 300 Milliarden US-Dollar. 2006 waren es nur 50 Milliarden US-Dollar gewesen.

Ein Sorgenkind war der erstarkende brasilianische Real, der vom 2002 erreichten Tief bei fast 4 Real pro US-Dollar zwischenzeitlich auf 1,7 Real pro US-Dollar angezogen hatte. Dennoch boomte der Export infolge wachsender globaler Nachfrage nach Eisenerz und Agrarprodukten aus Brasilien. Auch der Aktienmarkt hatte sich vom letzten Tief im November 2008 erholt und Ende Februar 2011 in US-Dollar 300 Prozent Rendite ausgewiesen.

Auf unserer Brasilienreise gewährten uns verschiedene Unternehmen interessante Einblicke.

Transport: Von bevorstehenden Ereignissen wie den Olympischen Spielen und der Fußball-Weltmeisterschaft sollten Unternehmen aus der Transportindustrie profitieren. Ein führender Bushersteller hatte seinen Umsatz 2010 um knappe 50 Prozent steigern können. Gleichzeitig verbesserten sich auch die Margen deutlich. Das Unternehmen hatte nicht nur einen Marktanteil von 40 Prozent im eigenen Land, sondern verfügte auch international über eine maßgebliche Präsenz mit Exporten in über 60 Länder.

Landwirtschaft: Durch günstige Klima- und Bodenbedingungen sowie relativ billige Arbeitskräfte waren die Aussichten für Brasiliens Agrarunternehmen gut. Hinzu kam, dass hohe Preise für weiche Rohstoffe die Ertragslage der Branche verbessert hatten. Ich rechnete mit einer Fortsetzung dieses Trends. Eines der Unternehmen, die ich aufsuchte, meldete starke Gewinne bei Baumwolle infolge der hohen Weltmarktpreise. Die drei wichtigsten Variablen für solche Unternehmen waren die Rohstoffkosten (für Düngemittel und Chemikalien), die Absatzpreise und das Wechselkursverhältnis zwischen Real und US-Dollar.

Rohstoffe: Als weiterer Nutznießer hoher Preise war der Rohstoffsektor für mich ebenfalls interessant. Das Management eines Stahlunternehmens äußerte, dass die Margen in der Stahlbranche zwar geschrumpft seien, die Ergebnisse aber dennoch überdurchschnittlich ausgefallen waren, was den Eisenerzminen sowie den Kalk- und Dolomitvorkommen im Bundesstaat Minas Gerais zu verdanken war. Das breit diversifizierte Unternehmen war auch in der Zementproduktion tätig, weil ihm Dolomit, Kalk und Schlacke aus der Stahlproduktion zur Verfügung standen.

Aus diesen und anderen Besuchen in Brasilien las ich ein vorteilhaftes Geschäftsklima bei anhaltendem Wachstum heraus.

Kapitel 18

Die Welt gehört den Optimisten

Goldene Investmentattribute und Anlageregeln

Wer in Schwellenländer investieren will, muss meiner Überzeugung nach Optimist sein. Es hat immer Probleme gegeben, und es wird auch in den kommenden Jahren überall auf der Welt Probleme geben, das ist eine Tatsache. Doch wir stehen am Anfang einer möglicherweise beispiellosen Ära der Menschheitsgeschichte. Mit besseren Einkommen und höherem Lebensstandard, fortschrittlicherer Kommunikation und Technik, Erleichterungen im Reiseverkehr, verstärktem internationalem Handel und allgemein engeren Beziehungen zwischen Staaten sind die Voraussetzungen für Schwellenmarktinvestoren ideal, aus den Vorteilen Kapital zu schlagen.

Studien belegen, dass geduldige und beständige Aktienmarktanlagen unweigerlich wachsen, da der Wert von Aktienanlagen eine natürliche Aufwärtstendenz zeigt, um mit der Inflation Schritt zu halten. Hinzu kommt, dass unabhängig geführte Unternehmen, die erfolgreich im Wettbewerb auf dem Markt bestehen, auf den Aktienmärkten in aller Regel Gewinner sind, weil der Trend ihrer Umsätze, Gewinne und Vermögen nach oben geht. Es lässt sich jedoch nicht immer vorhersagen, ob ein Unternehmen Erfolg haben oder scheitern wird. Deshalb ist Diversifizierung angezeigt.

> „Die Welt gehört den Optimisten.
> Die Pessimisten sind bloß Zuschauer."
>
> *-François Guizot*

Sicherlich kann man diverse technische Kompetenzen erwerben, die bei der Kapitalanlage oder beim Portfoliomanagement nützlich sind, doch die Psychologie spielt beim Investieren stets eine große Rolle. Käufer und Verkäufer handeln aus einer Kombination von Instinkt, Information und Logik heraus. Die Entwicklung bestimmter persönlicher Merkmale könnte einen wesentlichen Beitrag zum Anlageerfolg leisten. Hier ein paar ausschlaggebende persönliche Eigenschaften, die eine Voraussetzung für gute Anlageergebnisse sein können. Dazu gehören: Disziplin, Fleiß, Demut, gesunder Menschenverstand, Kreativität, Unabhängigkeit und Flexibilität.

Disziplin und Fleiß

Ich wurde einmal gebeten, die wichtigsten Eigenschaften eines guten Investors in fünf Wörtern zusammenzufassen. Ich entgegnete: „Motivation, Demut, harte Arbeit, Disziplin." Es ist ziemlich einleuchtend: Je mehr Zeit und Mühe man in die Analyse von Anlagen investiert, desto mehr Erkenntnisse gewinnt man, und desto klüger sind die getroffenen Entscheidungen.

Demut

Demut ist die Voraussetzung dafür, dass man willens und in der Lage ist, Fragen zu stellen. Wer glaubt, schon alle Antworten zu kennen, der hat vermutlich die Fragen nicht verstanden. Wie Sir John Templeton seinerzeit sagte: „Je bescheidener wir in Bezug darauf werden, was wir zu wissen glauben, desto eifriger recherchieren wir."

Gesunder Menschenverstand

Gesunder Menschenverstand ist für mich das Allerwichtigste bei jeder Anlageentscheidung, denn in dem Begriff allein liegt schon die erforderliche Klarheit und Einfachheit, um all die komplexen Informationen zu integrieren, die auf den Anleger einstürmen.

Kreativität

Erfolgreiche Kapitalanlage erfordert meines Erachtens einige Kreativität, denn zur Betrachtung von Anlagen, zur Abwägung aller Variablen, die sich negativ oder positiv darauf auswirken könnten, müssen wir einen facettenreichen Ansatz anwenden. Ebenso ist kreatives Denken nötig, um in die Zukunft zu blicken und die Ergebnisse aktueller Geschäftspläne zu prognostizieren.

Unabhängigkeit

Etliche erfolgreiche Investoren haben sich bereits zur Bedeutung unabhängiger, individueller Entscheidungen geäußert. Sir John Templeton sagte dazu: „Wenn Sie die gleichen Wertpapiere kaufen wie alle anderen, dann erzielen Sie auch die gleichen Ergebnisse wie alle anderen." Besser als die breite Masse kann nur werden, wer andere Wege geht.

Flexibilität

Anleger müssen grundsätzlich flexibel bleiben und dürfen sich nicht dauerhaft auf einen bestimmten Anlagentyp festlegen. Der beste Ansatz ist meines Erachtens, von populären auf unpopuläre Wertpapiere oder Sektoren umzusteigen. Flexibilität ist außerdem eine Eigenschaft, die Sie davon abhält, aus Loyalität zu lange an einer Aktie festzuhalten. Wer flexibel ist, kann mit der Zeit gehen und Chancen wahrnehmen, wenn sie sich bieten.

Investmentwerkzeuge

Das sind die persönlichen Voraussetzungen für einen Investor. Es kann aber gar nicht genug betont werden – ein Profi muss nicht nur Kontakte zu Managern von Unternehmen und ihren Konkurrenten pflegen, sondern auch viel lesen. Eine breite Vielfalt an

Lesestoff trägt enorm zu seiner Fähigkeit bei, fundierte Entscheidungen zu treffen. Mit dem Lesen verhält es sich ähnlich wie mit den Muskeln Ihres Körpers: Werden sie nicht trainiert, bilden sie sich zurück. Wer sich nicht regelmäßig bewegt, der verliert Muskeltonus und Knochenmasse. Wer nicht liest, kann keine neuen Informationen oder Techniken aufnehmen.

Natürlich gibt es auch bestimmte Anlagementalitäten, die Ihrem Investmenterfolg zugutekommen. Im Folgenden liste ich ein paar der meiner Ansicht nach wichtigsten Anlageregeln für Sie auf, die ich im Laufe der Jahre für mich entdeckt habe.

Streuen Sie Ihre Anlagen grundsätzlich

Diversifizierung ist Ihre beste Strategie, um sich gegen unerwartete Ereignisse wie Erdbeben, politische Unruhen, Überschwemmungen, Marktpanik und dergleichen zu wappnen. Das gilt nicht nur für den einzelnen Markt, sondern für alle Märkte weltweit. Sie sollten sich nie zu sehr vom Schicksal einer bestimmten Aktie oder eines einzelnen Wertpapiers abhängig machen – vor allem dann nicht, wenn Sie keinen Einfluss auf das Management des betreffenden Unternehmens oder auf die Ereignisse nehmen können. Manche erfolgreichen Investoren mit einer begrenzten Zahl von Positionen halten es mit der Philosophie von Mark Twain: „Leg alle Eier in einen Korb – und pass dann gut auf den Korb auf!" Doch solche Investoren können oft einen gewissen Einfluss auf die Unternehmen und ihre Führungsriegen ausüben. Das können die allermeisten Anleger nicht, und wenn Sie in die letztgenannte Kategorie gehören, ist es für Sie grundsätzlich besser, über Länder und Unternehmen zu streuen. Globale Kapitalanlage ist einem ausschließlichen Engagement auf Ihrem heimischen oder einem beliebigen Markt stets überlegen. Wenn Sie sich weltweit umschauen, finden Sie mehr und interessantere Schnäppchen als bei der Analyse eines Einzellandes.

Meiden Sie Risiken nicht um jeden Preis

Wenn Sie keine Risiken eingehen, dürfte es nach meiner Erfahrung schwer werden, mit Ihrem Portfolio überlegene Anlageerträge zu erzielen. Doch das Eingehen von Risiken ist nicht dasselbe wie Roulette oder ein Fallschirmsprung. Die Risiken, die ich meine, werden gezielt und nach gründlicher Analyse eingegangen. Anlageentscheidungen verlangen stets Entschlüsse, die auf unzulänglichen Informationen beruhen. Man hat nie genug Zeit, alles in Erfahrung zu bringen, was es über eine Anlage zu wissen gäbe, da Aktien ständigen Veränderungen unterworfen sind. Doch es kommt der Zeitpunkt, an dem sie sich entscheiden und ein Risiko in Kauf nehmen müssen. Was einen guten Investor ausmacht, ist meines Erachtens die Fähigkeit, genau das richtige Maß an Risiken auf sich zu nehmen, das sich aus den sorgfältigst recherchierten verfügbaren Informationen ergibt.

Langfristige Perspektive

Wählen Sie auch dann eine langfristige Perspektive, wenn es Ihnen um kurzfristige Gewinne geht. Wer die Welt und die Märkte aus langfristiger Sicht betrachtet, reagiert aller Wahrscheinlichkeit nach erstens weniger emotional und begeht infolgedessen weniger kostspielige Fehler. Zweitens blickt er über kurzfristige Marktvolatilität hinaus und drittens kann er sich zurücklehnen und breitere Muster erfassen, die Markt, Politik und Wirtschaftsentwicklung zeigen und die sich einem kurzfristig orientierten Beobachter möglicherweise entziehen. Ein Blick auf das langfristige Wachstum und die Aussichten von Unternehmen und Ländern und vor allem auf solche Aktien, die außer Mode oder nicht gefragt sind, erhöht Ihre Chancen auf überlegene Renditen erheblich.

Freunden Sie sich mit Volatilität an

Die Märkte sind so volatil wie entflammbare Stoffe. Sie können Benzin bis zu einem gewissen Punkt erhitzen. Dann entzündet es sich und explodiert. Doch Marktexplosionen eröffnen uns die Gelegenheit, billig zu kaufen und teuer zu verkaufen – solange wir unsere Schutzausrüstung einsetzen (zum Beispiel durch Diversifizierung). Dass Märkte so sensibel auf Nachrichten reagieren – ihr „manisch-depressives Wesen", wie ich das nenne –, bedeutet, dass sie oft stärker in die eine oder andere Richtung ausschlagen als eigentlich gerechtfertigt. Sie wissen ja: Die Zeiten des größten Pessimismus sind die besten Zeiten, um zu kaufen. Und Zeiten des äußersten Optimismus sind die besten Zeiten, um zu verkaufen. Wer über die emotionale Achterbahnfahrt der Volatilität hinausblicken und das zu seinem Vorteil nutzen kann, hat das Zeug zum erfolgreichen Anleger.

Mal gewinnt man, man verliert man – das lässt sich nicht vermeiden. Das gehört nicht nur zum Spiel, sondern ist für Schwellenmarktinvestoren die einzige Möglichkeit. Manche Verluste sind aber nicht nur vermeidbar, sondern besonders aufschlussreich, weil man daraus lernen kann.

Wir haben aus fast jedem größeren Verlust neue Erkenntnisse gewonnen. Ich bemühe mich, nicht wieder und wieder dieselben Fehler zu begehen. Wie die meisten Menschen lasse ich mich nicht gern eines Besseren belehren. Dabei ist mir klar, dass jeder Fondsmanager nur so gut ist wie seine aktuelle Erfolgsbilanz.

Auch wir haben Verluste verkraften müssen, glauben Sie mir. Doch im Endeffekt müssen wir bereit sein, Fehler zu machen, denn sonst lernen wir nichts. Man könnte sogar sagen, dass der eine oder andere Fehlschlag einfach dazugehört.

Obwohl die schlimmsten Wunden verheilt sind, erfüllt mich die bloße Erwähnung bestimmter Fehlgriffe bis heute mit Grauen und Reue – seltsamerweise aber nicht mit Wut, denn solche Affektreaktionen verblassen, weil man unweigerlich aus Erfahrungen lernt.

Als jemand, dem die Märkte mehr als einmal ein Bein gestellt haben, rate ich Ihnen: Nehmen Sie die Dinge, wie sie kommen. Wer echte Risiken eingeht, kann nicht immer gewinnen.

Nehmen Sie die Dinge, wie sie kommen.
Wer echte Risiken eingeht, kann nicht immer gewinnen.

Wer gegen den Trend agiert, kauft Aktien von Unternehmen, die Probleme haben. Das lässt sich nicht vermeiden, denn Schnäppchen sind zumeist Aktien von Gesellschaften, die irgendwann Fehler gemacht haben. Aus diesem Grund sind sie ja so billig. Und genau deshalb denken viele kluge Zeitgenossen, dass sich da so schnell auch nichts ändert.

Unsere Aufgabe ist, ihnen das Gegenteil zu beweisen. Woher nehmen wir diese Arroganz? Weil wir den Luxus genießen und die Möglichkeit haben, uns auf einen Zeithorizont von fünf Jahren auszurichten. Wir können uns auf einen fernen Zeitpunkt konzentrieren, an dem der langfristige Ausblick besser ist als der kurzfristige. Außerdem haben wir den Vorteil, dass wir Unternehmen vergleichen können. Wir können sie ähnlichen Unternehmen aus anderen Märkten gegenüberstellen, die häufig vergleichbare

Probleme haben. Manchmal entdecken wir dabei Gelegenheiten und Lichtpunkte, wo andere nur schwarzsehen. Und natürlich liegen wir manchmal falsch.

Wir interessieren uns für solide Unternehmen aus stabilen Ländern, denen es schlecht geht – aber eben nur vorübergehend, wie wir hoffen; für Unternehmen und Länder, die gut aufgestellt sind für ein unwahrscheinliches Comeback; für Unternehmen und Länder, die versuchen, gegen Widerstände zu florieren oder auch nur zu überleben. Echte Schnäppchen findet man eben nur unter ungünstigen Bedingungen.

Das sind dann aber die ganz großen Gewinner. Und die Grenze zwischen Gewinnern und Verlierern ist in der Regel peinlich fein.

Sie müssen nicht nur unbedingt verinnerlichen, dass niemand vollkommen ist, sondern auch, dass Fehler grundlegender Bestandteil der Kapitalanlage sind. Niemand erwischt immer nur Gewinner. Dass auch mal Verlierer dabei sind, spricht meiner Ansicht nach keinesfalls für mangelnde Sorgfalt oder Nachlässigkeit bei der Auswahl der Anlagen für ein verwaltetes Portfolio.

Die Märkte, wie sie sich ständig entwickeln und weiterentwickeln, sind großartig, aber mitunter volatil. Ich hoffe jedoch schwer, dass Sie Volatilität, nachdem Sie dieses Buch gelesen haben, nicht mehr nur negativ sehen. Volatilität kann für Anleger vorteilhaft sein. Stellen Sie sich darauf ein, das auszunutzen. Das Auf und Ab der Märkte und selbst die heftigsten Ausschläge animieren die Menschen dazu, sich an neue Bedingungen und veränderte Realitäten anzupassen. Freie Märkte können strenge Zuchtmeister sein, aber es gilt frei nach Winston Churchills Aussage über die Demokratie: Die freie Marktwirtschaft mag ein schlechtes System sein, doch sie ist nun einmal das Beste, das wir haben.

Dank

All den großartigen Menschen zu danken, die zur Formulierung der Ideen beigetragen haben, die in dieses Buch eingeflossen sind, würde viele Seiten füllen. Lassen wir es dabei bewenden, dass ich eine Menge gelernt habe von den vielen Tausend Menschen, die in Schwellenländern arbeiten und diese analysieren, seit ich mich in den 1970er-Jahren auf dieses Abenteuer eingelassen habe und schon bevor ich den Templeton Emerging Markets Fund verwaltete. Im Lauf der Jahre haben die Fachleute des Unternehmens Franklin Resources der Templeton Emerging Markets Group geholfen, das verwaltete Vermögen enorm zu steigern. Anstelle der fünf Länder, in die wir 1987 nur 100 Millionen US-Dollar investierten, decken wir jetzt über 60 Länder ab – mit einem Anlagevolumen von mehr als 50 Milliarden US-Dollar.

Mein besonderer Dank gilt Shalini Dadlani für ihre ausgezeichneten Recherchen und ihre redaktionelle Arbeit sowie dem Team bei John Wiley & Sons. Sie alle haben dazu beigetragen, dieses Projekt zu verwirklichen. Sämtliche Fehler und Versäumnisse liegen selbstverständlich allein in meiner Verantwortung.

Über den Verfasser

Dr. Mark Mobius ist Executive Chairman der Templeton Emerging Markets Group und seit 1987 bei Templeton tätig. Damals übernahm er die Far East Divison in Hongkong und sollte in dieser Funktion die Research-Kompetenz der Templeton-Gruppe für Schwellenländer ausbauen. Er leitet die Analysearbeit an 17 Standorten weltweit, nämlich in Hongkong, China, Singapur, Vietnam, Indien, Südkorea, Malaysia, Thailand, den Vereinigten Arabischen Emiraten, Südafrika, Argentinien, Brasilien, Österreich, Rumänien, der Türkei, Polen und Russland, und wacht über ein verwaltetes Vermögen von insgesamt 50 Milliarden US-Dollar. Dr. Mobius ist seit mehr als 40 Jahren auf den Schwellenmärkten aktiv und hat viel Erfahrung mit Wirtschafts- und Wertpapieranalysen.

Er wurde vom *Bloomberg Markets Magazine* unter die „50 einflussreichsten Persönlichkeiten" gewählt und vom *Asiamoney Magazine* unter die „100 mächtigsten und einflussreichsten Persönlichkeiten". Außerdem wurde er von International Money Marketing als „Emerging Markets Equity Manager" ausgezeichnet, von der Carson Group unter die „Ten Top Money Managers of the 20th Century" gewählt, vom *Sunday Telegraph* zum „Investment Manager of the Year" gekürt und von Morningstar zum „Closed-End Fund Manager of the Year". Er hat einen Bachelor- und einen Masterabschluss von der Universität Boston und hat am Massachusetts Institute of Technology in Wirtschafts- und Politikwissenschaft promoviert.

An 300 von 365 Tagen reist Dr. Mobius auf der Suche nach den interessantesten Schnäppchen durch die Welt.